외국인을 위한
한국어
기본 문법론

외국인을 위한 한국어 기본 문법론

최대희 · 허원영 지음

한국학술정보

머리말

  최근 10년은 대한민국의 위상이 전 세계적으로 높아진 시기이다. 한류의 열풍으로 한국 노래, 드라마, 영화 등은 여러 나라에 수출되어 세계 각지의 사람들에게 많은 관심을 받고 있다. 이러한 관심으로 인해 한국어의 위상도 갈수록 높아지고 있다. 초창기 한국어에 대한 외국인들의 관심은 한국 문화를 접하면서 보고, 듣는 데 만족하는 수준이었지만, 최근에는 이에 만족하지 않고, 한국어를 배우기 위해 유학도 오고, 한국어를 배워 가르치기도 하는 등의 한국어 전도사로서의 역할도 하고 있다. 우리나라가 이 땅에 생기고 나서, 이렇게 외국인에게 한국말과 글에 관심을 받은 적이 있었던가를 생각해 본다. 없었던 것 같다.

  최근에 자신의 나라에서 한국어를 가르치는 외국인 선생님들을 수업한 적이 있다. 한국어 문법론 과목이었다. 기존에 출판된 문법서로 수업을 진행하면서 어느 정도 수준의 내용으로 가르쳐야 학생들이 이해를 할 수 있을까를 생각하게 되었다. 그래서 학생들에게 책의 내용이 어떤지, 문법 용어는 이해가 되는지, 심화된 내용은 어떤지 등을 질문했었다. 학생들의 대답은 교재의 내용이 어렵고, 이해하기 힘들다는 내용이 주를 이루었다. 학생들을 가르치는 선생님들조차도 어려워하는데, 학생들은 얼마나 어려워할까?

이해를 못한다면 아무리 좋은 교재가 무슨 소용이 있을까? 이런 저런 생각을 하다가, 읽기 쉽고, 이해하기 쉬운 문법 교재를 만들어 보아야겠다는 생각을 하게 되었다. 시중에 나와 있는 한국어 문법 교재는 대부분의 교재가 많은 지식과 다양한 문법 이론으로 채워져 있어서, 학생들이 교재의 내용 전체를 이해하기는 힘들 것 같다는 생각이 들었던 것이다. 그래서 문법 관련 방대한 지식을 모두 책에 넣기보다는, 알기 쉽고, 이해하기 쉬운 내용, 즉 개념을 중심으로 정리를 해 보아야겠다는 생각으로 이 '외국인을 위한 한국어 기본 문법론'을 편찬하게 되었다.

이 문법서는 이전에 편찬된 문법 교재보다 내용에 깊이가 있거나, 다양한 문법 이론이 제시되지는 못했다. 하지만, 이 책은 한국어에 익숙하지 않은 초, 중급의 외국인들에게 한국어 문법을 조금은 쉽게 알리고 싶어 편찬하게 되었기 때문에 외국인들이 부담 없이 접근할 수 있을 것이라는 생각은 든다. 조금 더 복잡하고 심화된 내용은 추후에 심화 문법서에서 보완할 계획이다.

이 문법서의 편찬을 위해 자료를 수집하고, 집필하며 교정 작업까지 같이 참여한 허원영 선생에게 고마움을 전하고, 편찬을 위해 도움을 주신 한국학술정보(주) 채종준 대표이사님께도 감사의 말씀을 드린다.

2021. 2.
한라산이 보이는 연구실에서
최 대 희

목 차

제3부 통사론

제1부

총론

제1장 한국어와 문법

1.1. 한국어의 이해

여기에서는 한국어 문법론을 본격적으로 공부하기 전에, 한국어에 대한 기본적인 이해를 돕고자 한다. 한국어를 어떻게 이해해야 하고, 한국어의 영역에는 어떤 것들이 포함되는지를 살펴보자.

국어와 한국어

국어(國語)란 글자 그대로 한 나라의 언어를 의미한다. 모든 나라가 고유의 언어를 갖고 있는 것은 아니지만, 일반적으로 나라에는 그 나라만의 언어가 존재한다. 그리고 이와 같은 나라마다의 고유 언어를 그 나라의 국어라고 한다. 따라서 이때의 국어를 영어로 번역하면 'national language'가 된다.

그런데 한국에서는 국어를 'national language'의 뜻으로 사용하지 않는다. 한국에서 국어는 'korean language', 즉 한국어(韓國語)를 의미한다. 따라서 한국에서 국어 교육, 국어 문법이라고 하는 것들은 모두 한국어에만 한정되는 개념인 것이다. 일본의 경우도 'japanese language'를 국어라는 말로 사용한다. 다만 최근에는 국어와 일본어(日本語)라는 말을 같이 사용하고 있으며, 보다 구체적인 표현을 위해 일본어라는 말을 좀 더 많이 사용하는 듯하다. 이처럼 우리도 국어 대신 한국어라는 말을 사용한다면 보다 구체적인 표현이 가능하겠지만, 그렇다고 하여 한국에서 'korean language'를 국어라고 말하는 것이 문제가 되지는 않는다. 그러나 다른 나라 혹은 다른 언어와의 관계 속에서는 국어보다 한국어라는 말을 사용하는 것이 좀 더 알맞을 것으로 보인다. 가령 외국인을 대상으로 하는 한국어 교육의 이름을 주로 '외국인을 위한 한국어 교육'이라고 하는데, 만약 이를 '외국인을 위한 국어 교육'으로 바꾼다면 그 의미가 이상해지기 때문이다. 따라서 이 책에서는 'korean language'를 한국어라는 말로 표현하고자 한다.

한국어의 영역

한국어는 그 영역을 시간에 따라 나누기도 하고, 연구 대상에 따라 나누기도 한다. 시간에 따라서 분류하면, 고대국어(古代國語), 중세국어(中世國語), 근대국어(近代國語), 현대국어(現代國語)로 나눌 수 있고, 연구 대상에 따라서는 음운론(音韻論, phonology), 문법론(文法論, grammar), 의미론(意味論, semantics)으로 구분할 수 있다.

우선 시간에 따른 영역에서 고대국어는 일반적으로 고려시대 이전의 국어로 설정하는데, 신라말을 중심으로 연구되어 왔다. 이 시기는 문헌 자료가 많지 않아 충분히 연구가 되지는 않았다. 중세국어는 고려 건국(918)에서 16세기 말까지로 설정하는데, 훈민정음 창제(1443)를 기준으로 그 이전을 전기중세국어 (前期中世國語), 그 이후를 후기중세국어(後期中世國語)라고 한다. 전기중세국어 시기는 구결 자료나, '향약구급방', '계림유사' 등의 자료를 통해 연구하였고, 후기중세국어 시기는 여러 한글 문헌 자료가 편찬되어, 이를 통해 연구가 진행되었다. 근대국어는 17세기 초에서 19세기 말까지를 일컫는데, 이 시기에도 한글 문헌을 통한 연구가 활발히 진행되었다. 마지막으로 현대국어는 20세기 초에서 지금까지의 국어를 말한다. 시간에 따른 한국어의 영역을 간단하게 정리하면 다음과 같다.

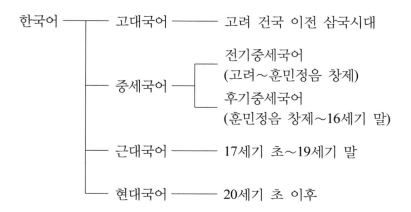

한편 연구 대상에 따른 영역은 크게 세 가지로 분류되는데, 그 영역은 바로 음운론과 문법론 그리고 의미론이다. 우선 음운론은 소리에 대한 학문이다. 한국어를 포함한 일반적인 언어는 자음과 모음, 소리의 장단과 강약 등에 의해 표현된다. 이러한 소리의 단위를 다루는 분야가 바로 음운론이다. 문법론은 단어와 문장에 대한 학문이다. 그리고 문법론은 다시 단어의 영역인 형태론(形態論, morphology)과 문장의 영역인 통사론(統辭論, syntax)으로 구분할 수 있다. 의미론은 말 그대로 단어 혹은 문장이 갖는 의미에 대한 학문이다. 연구 대상에 따른 한국어의 영역을 간단하게 정리하면 다음과 같다.

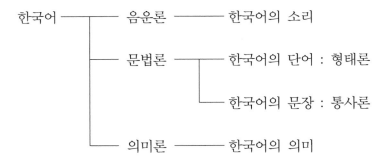

이 외에 음성학(音聲學, phonetics)이나 화용론(話用論, pragmatics) 등의 영역도 존재한다. 음성학은 음운론과 마찬가지로 소리에 대한 학문이지만, 음운론이 소리의 기능에 대한 학문이라면 음성학은 소리

의 생성과 관련한 학문이라는 점에 차이가 있다. 화용론은 의사소통에 대한 학문으로, 넓은 범위에서는 의미론에 포함되기도 한다. 물론 가장 기본적인 분류는 음운론, 문법론, 의미론의 세 가지이며, 이러한 영역의 분류는 한국어에만 적용되는 것이 아니라 모든 언어에 일반적으로 적용되는 것이다.

1.2. 한국어의 문법

여기에서는 문법에 대한 설명과 더불어 한국어 문법론의 두 영역인 '형태론'과 '통사론'을 알아보려고 한다. 문법이란 무엇이고, 형태론과 통사론에는 어떠한 내용들이 포함되지를 살펴보자.

문법

한국어 연구의 한 영역으로 문법론(文法論, grammar)이 있다. 여기서 문법이라는 것은 언어 안에 들어있는 원리와 규칙을 말한다. 따라서 넓은 의미에서 문법은 단어와 문장에만 국한되지 않는다. 넓은 의미의 문법은 언어를 사용할 때의 일정한 규칙을 전반적으로 뜻하는 말이다. 하지만 문법론의 영역에서 얘기하는 문법은 보다 좁은 의미를 갖는 것이 일반적이다. 이때 좁은 의미의 문법이라는 것은 결국 앞에서 정리한 것처럼 단어와 문장, 즉 '형태'와 '통사'를 말한다.

형태론과 통사론

형태론(形態論, morphology)은 언어 단위 중 단어와 관련된 부분을 다루는 학문이다. 형태론에서는 단어는 물론 '형태소', '단어 형성', '품사' 등의 내용을 포함한다. 형태소란 언어 단위 중 뜻을 가진 가장 작은 단위를 말한다. 언어 단위란 소리(음성)와 뜻(의미)을 모두 갖춘 단위를 가리키는 개념이기 때문에, 엄격하게 언어를 정의한다면, 소리와 관련된 음성이나 음운은 언어 단위가 될 수 없고, 형태소부터 문장까지를 언어 단위라고 할 수 있다. 그리고 이때 형태소는 단어를 보다 작은 단위로 분석한 것이다. 한국어의 구성 단위를 간단히 정리하면 다음과 같다.

소리만 가진 단위			소리와 뜻을 가진 단위					
음성	<	음운	<	형태소	<	단어	<	어절	<	문장
음성학		음운론		형태론			통사론		

단어 형성의 방법에는 합성과 파생이 있다. 합성은 서로 다른 두 어근이 결합하여 새로운 단어를 만드는 방법이고, 파생은 접사가 어근에 결합하여 단어를 만드는 방법을 말한다. 또한 품사란 단어를 일정한 기준에 따라 분류한 것을 말한다. 단어는 단어마다 서로 다른 형태, 기능, 의미를 갖고 있는데, 이러한 기준에 따라 단어들은 몇 가지 품사로 분류할 수 있게 된다. 이러한 형태론의 내용은 '제2부 형태론'에서 보다 구체적으로 설명할 것이다.

한편 통사론(統辭論, syntax)은 언어 단위 중 문장과 관련된 부분을 다루는 학문이다. 통사론에서는 문장의 구성과 관련하여 '문장 성분', '문장 유형', '문장 확장' 등을 다루며, 문장에 영향을 미치는 문법 범주인 '높임 표현', '시간 표현', '부정 표현', '피동 표현', '사동 표현' 등의 내용을 포함한다. 문장 성분이란 문장을 이루고 있는 요소들을 말한다. 또한 문장 유형은 문장의 쓰임에 따른 종류를 말하며, 문장 확장의 경우 기본적인 문장에서 조금 더 복잡한 문장으로 구성되는 방식에 대한 것이다. 높임 표현, 시간 표현, 부정 표현, 피동 표현, 사동 표현 등은 한국어의 문장에서 나타나는 여러 문법적인 표현들이다. 이러한 통사론의 내용 역시 '제3부 통사론'에서 보다 구체적으로 살펴볼 것이다.

마무리하기

· 한국에서 국어(國語)는 주로 'national language'가 아닌 'korean language'로 사용된다. 따라서 다른 나라 혹은 다른 언어와의 관계 속에서는 국어보다 한국어(韓國語)라는 말을 사용할 필요가 있다.

· 한국어의 영역은 시간에 따라 고대국어(古代國語), 중세국어(中世國語), 근대국어(近代國語), 현대국어(現代國語)로 나눌 수 있고, 연구 대상에 따라 음운론(音韻論, phonology), 문법론(文法論, grammar), 의미론(意味論, semantics)으로 구분할 수 있다.

· 문법론은 다시 단어의 영역인 형태론(形態論, morphology)과 문장의 영역인 통사론(統辭論, syntax)으로 구분된다.

· 넓은 의미에서 문법이란 언어 안에 들어있는 원리와 규칙을 말한다. 하지만 문법론에서의 문법은 보다 좁은 의미에서 단어와 문장, 즉 '형태'와 '통사'를 말한다.

· 형태론에는 '형태소', '단어', '단어 형성', '품사' 등의 내용이 포함되며, 통사론에는 '문장 성분', '문장 유형', '문장 확장', '높임 표현', '시간 표현', '부정 표현', '피동 표현', '사동 표현' 등의 내용이 포함된다.

제2장 한국어의 문법적 특징

2.1. 형태적 특징

한국어의 형태적 특징으로는 '교착어', '조사와 어미의 발달', '감각 표현과 상징부사의 발달', '문법적 요소의 위치와 순서', '문법적 요소의 교체' 등이 있다. 각각의 형태적 특징들에 대해 알아보자.

교착어

한국어는 기본적으로 교착어(膠着語, agglutinative language)이다. 교착어란 실질적인 의미를 가진 단어 혹은 어간에 문법적인 요소가 결합하여 일정한 기능을 갖게 되는 언어를 말한다. 다음의 예시를 보자.

   (1) ㄱ. 학생<u>이</u>, 학생<u>을</u>, 학생<u>이다</u>, 학생<u>에게</u>
       ㄴ. 먹<u>는</u>다, 먹<u>었</u>다, 먹<u>겠</u>다

(1ㄱ)의 '학생'은 뒤에 '이', '을', '이다', '에게'와 같은 조사가 붙어서 각각 주어, 목적어, 서술어, 부사어의 문법적인 기능을 갖

게 된다. 이와 마찬가지로 (1ㄴ)의 '먹다'는 어간 '먹-' 뒤에 '-는-', '-었-', '-겠-' 등의 어미가 붙어서 각각 현재, 과거, 미래에 대한 시제 표현의 기능을 갖게 된다. 이처럼 한국어에서는 다양한 유형의 문법적 요소가 단어 혹은 어간에 결합하여 서로 다른 기능을 갖게 된다. 이러한 형태적 특징에 따라 한국어를 교착어라고 부르는 것이다. 경우에 따라서는 교착어를 첨가어(添加語)라고 부르기도 한다.

더 알아보기: 고립어와 굴절어

교착어(膠着語, agglutinative language)를 주로 고립어(孤立語, isolating language)와 굴절어(屈折語, inflectional language)의 중간 언어라고 얘기한다. 이때 고립어란 단어의 변화 없이 오직 어순에 의해서만 문법적인 관계가 나타나는 언어를 말하며, 굴절어는 단어 자체의 변화를 통해 문법적인 관계를 나타내는 언어를 말한다. 고립어에 해당하는 대표적인 언어로는 중국어(中國語, chinese language)가 있으며, 굴절어의 대표적인 언어에는 영어(英語, english)가 있다.

조사와 어미의 발달

한국어는 교착어의 성질을 가지고 있다 보니, 문법적인 관계를 표시하는 조사(助詞, postposition)와 어미(語尾, ending)가 발달되어 있다. 한국어의 조사에는 '격조사', '보조사', '접속조사'가 있고, 어미에는 '어말어미', '선어말어미'가 있다.

　우선 조사를 살펴보면, 격조사는 어근에 결합하여 격(格, case, 자리)을 나타내는 문법 요소이고, 보조사는 특별한 의미를 더해 주는 조사이며, 접속조사는 체언과 체언을 이어 주는 조사이다. 격조사의 예를 보면 다음과 같다.

　(2) ㄱ. 지효가 학교에 갔다.
　　　ㄴ. 지효가 밥을 먹는다.
　　　ㄷ. 지효가 윤기에게 선물을 주었다.
　　　ㄹ. 지효는 학생이 아니다.
　　　ㅁ. 지효의 책은 윤기에게 있다.
　　　ㅂ. 지효는 윤기가 노래를 잘 부른다고 소개했다.
　　　ㅅ. 지효는 학생이다.

　(2ㄱ)의 '지효가 학교에 갔다.'에서 '지효'는 '가'와 결합하여 '지효가'가 된다. 또한 문장에서 '지효가'는 주어에 해당한다. 따라서 이때의 '가'는 주어의 자리를 나타내는 문법 표지가 되며, 이를 주격조사라고 한다. 마찬가지로 (2ㄴ)의 '을'은 목적격조사, (2ㄷ)의 '에게'는 부사격조사, (2ㄹ)의 '이'는 보격조사, (2ㅁ)의 '의'는 관형격조사, (2ㅂ)의 '고'는 인용격조사, (2ㅅ)의 '이다'는 서술격조사의 예이다. 다음은 보조사의 예시이다.

(3) ㄱ. 지효<u>는</u> 밥을 좋아한다.

ㄴ. 지효<u>만</u> 학교에 오지 않았다.

ㄷ. 지효<u>도</u> 회의에 참석했다.

(3)에서 '는', '만', '도'는 각각 대조, 단독, 포함 등의 의미를 갖는 보조사이다. 이들은 어떠한 격을 나타내지 않고, 특별한 의미만을 더한다. 다음은 접속조사의 예시이다.

(4) ㄱ. 지효<u>와</u> 윤기는 학교에 갔다.

ㄴ. 지효<u>하고</u> 윤기는 학교에 갔다.

(4)에서 '와', '하고'는 체언과 체언을 연결해 주는 기능을 하고 있다. 이러한 조사를 접속조사라 한다.

한편 어미를 살펴보면, 어말어미는 다시 '종결어미', '비종결어미'로 나누고, '비종결어미'는 다시 '연결어미', '전성어미'로 나눌 수 있다. 종결어미는 용언의 활용형이 종결되는 것이고, 연결어미는 활용형이 연결되는 것이며, 전성어미는 활용형이 성질을 바꾸는 어미이다. 다음의 예시를 보자.

(5) ㄱ. 지효는 밥을 먹었<u>다</u>.

ㄴ. 지효는 밥을 먹<u>고</u>, 학교에 갔다.

ㄷ. 지효는 윤기가 옴<u>을</u> 몰랐다.

(5ㄱ)의 '-다'는 용언이 종결되는 종결어미이고, (5ㄴ)의 '-고'는 용언이 연결되는 연결어미이며, (5ㄷ)의 '-음'은 용언의 성질을 명사처럼 바꾸는 전성어미이다. 전성어미에는 이 외에도 용언을 관형사처럼 바꾸는 관형사형 전성어미, 부사처럼 바꾸는 부사형 전성어미 등이 있다.

감각 표현과 상징부사의 발달

한국어는 감각 표현과 상징부사(象徵副詞)가 발달되어 있다. 표준국어대사전에서 '감각'은 '눈, 코, 귀, 혀, 살갗을 통하여 바깥의 어떤 자극을 알아차림'의 뜻으로, '상징'은 '추상적인 개념이나 사물을 구체적인 사물로 나타냄. 또는 그렇게 나타낸 표지'의 뜻으로 정의된다. 한국어에는 이와 관련된 시각, 청각, 촉각, 후각, 미각 등의 감각 표현과 모양, 소리 등을 구체화한 상징 표현이 다양하게 발달되어 있다. 먼저 감각 표현의 예를 보면 다음과 같다.

(6) ㄱ. 노랗다, 누렇다, 누르스름하다, 누리끼리하다, …
    ㄴ. 뜨겁다, 따뜻하다, 미지근하다, …
    ㄷ. 짜다, 짭짜름하다, 찝찌름하다, …

(6)은 한국어에서 나타나는 감각 표현의 예이다. (6ㄱ)은 시각, (6

ㄴ)은 촉각, (6ㄷ)은 미각과 관련한 표현이다. 다음은 상징부사의
예시이다.

(7) ㄱ. 멍멍, 퐁당퐁당, 개굴개굴, 사각사각, …
ㄴ. 데굴데굴, 엉금엉금, 기웃기웃, 아장아장, …

(7)은 한국어에서 나타나는 상징부사의 예이다. (7ㄱ)은 소리
를 상징한 의성어(擬聲語, onomatopoeia)이고, (6ㄴ)은 모양을
상징한 의태어(擬態語, mimetic word)이다.

문법적 요소의 위치와 순서

한국어에서 문법적인 요소는 주로 단어 혹은 어간 뒤에 붙는
다. 물론 단어 앞에 결합하는 경우도 있지만, 거의 대부분 단어
나 어간의 뒤에 결합한다. 그리고 둘 이상의 문법적 요소가 결
합할 때는 일정한 순서가 존재한다. 다음의 예시를 보자.

(8) 깨뜨리시었다 → 깨- + -뜨리- + -시- + -었- + -다

(8)의 '깨뜨리시었다'는 기본형인 '깨다'의 어간 '깨-' 뒤에 '-
뜨리-', '-시-', '-었-' 등과 같은 문법 요소가 접합한 형태이다.
이때의 '-뜨리-'는 강조의 의미를 갖는 접사이고, '-시-'와 '-었-'
은 각각 높임과 과거 시제를 나타내는 어미이다. 이 경우 어간

'깨-' 뒤에 '-뜨리-', '-시-', '-었-'의 순서로 결합되며, 이 순서를 반드시 지켜야만 한다. 이처럼 한국어는 문법적 요소가 결합할 때 주로 단어 혹은 어간 뒤에 오며, 둘 이상의 문법적 요소가 결합할 때는 결합의 순서가 존재한다는 형태적 특징이 있다.

문법적 요소의 교체

한국어에서 단어 혹은 어간에 결합하는 문법적 요소는 일정한 조건에 의해 교체하기도 한다. 대표적으로 교체되는 문법적 요소는 조사 '이/가', '을/를', '와/과' 등과 어미 '-니/으니', '-면서/으면서' 등이다. 다음의 예시를 보자.

(9) ㄱ. 학생이/친구가, 학생을/친구를, 학생과/친구와
　　 ㄴ. 마시니/먹으니, 마시면서/먹으면서

(9ㄱ)을 보면 '학생'에는 조사 '이', '을', '과' 등이 붙는 반면, '친구'에는 조사 '가', '를', '와' 등이 온다. 이때 '이/가'는 주어의 기능을, '을/를'은 목적어의 기능을, '와/과'는 뒤에 오는 말과 연결하는 기능을 한다. 즉 형태만 다를 뿐, 서로 같은 기능의 조사들인 것이다. 이처럼 같은 기능의 조사끼리 교체되어 나타나는 이유는 바로 앞에 오는 말의 받침 차이 때문이다. '학생'과 같이 받침이 있는 상태로 끝나는 단어 뒤에는 '이', '을', '과'

등이 오고, '친구'와 같이 받침이 없는 상태로 끝나는 단어 뒤에는 '가', '를', '와' 등이 온다. 이와 마찬가지로 (9ㄴ)에서 '마시다'의 어간 '마시-' 뒤에는 '-니', '-면서'가 오고, '먹다'의 어간 '먹-' 뒤에는 '-으니', '-으면서'가 오는 이유 또한 앞에 오는 말의 받침 차이 때문이다. 이처럼 한국어에서 단어 혹은 어간 뒤에 결합하는 문법적 요소는 앞 말의 받침 유무에 따라 형태를 교체하기도 한다.

2.2. 통사적 특징

한국어의 통사적 특징으로는 '어순', '주어 생략', '주어 중복', '높임말' 등이 있다. 각각의 통사적 특징들에 대해 알아보자.

어순

한국어의 문장은 대체로 '주어 + 목적어 + 서술어'의 어순(語順, word order)을 가진다. 주로 '주어 + 서술어 + 목적어'의 어순을 가지는 영어와 비교하면 그 특징이 잘 드러난다. 다음의 예시를 보자.

(10) ㄱ. I drink water. → I(주어) + drink(서술어) + water(목적어)

ㄴ. 나는 물을 마신다. → 나는(주어) + 물을(목적어) +
마신다(서술어)

(10ㄱ)에서 알 수 있듯이 영어의 경우 서술어에 해당하는
'drink'가 목적어인 'water' 앞에 온다. 따라서 'I drink water.'
라는 영어 문장을 한국어로 직역하면 '나는 마신다 물을.'이 된
다. 하지만 (10ㄴ)을 보면 한국어의 경우 서술어의 '마신다'가
문장의 제일 마지막에 위치하는 것을 알 수 있다. 결국 'I drink
water.'는 '나는 마신다 물을.'이 아닌 '나는 물을 마신다.'가 된
다. 물론 한국어의 모든 문장이 이처럼 '주어 + 목적어 + 서술
어'의 어순으로만 나타나는 것은 아니다. 사용되는 조사에 따라
어순이 비교적 자유롭게 나타나기도 한다.

더 알아보기: 부사어의 어순

한국어는 주로 '주어 + 목적어 + 서술어'의 어순을 갖는다. 하지만
추가로 구성되는 부사어의 경우 고정된 어순을 갖지 않는다. 예컨대
'나는 공부한다.'라는 문장에서 부사어인 '학교에서'를 추가한다면,
'학교에서 나는 공부한다.'와 '나는 학교에서 공부한다.'의 두 가지 문
장이 모두 가능하다. 즉 한국어에서 부사어는 다른 문장 성분들에 비
해 비교적 자리 옮김이 자유롭다.

주어 생략

한국어의 문장은 대체로 '주어 + 목적어 + 서술어'의 어순을 보이며, 이때의 주어, 목적어, 서술어 등은 문장의 주요 구성 성분이 된다. 하지만 한국어의 문장에서 이러한 구성 성분이 반드시 나타나는 것은 아니다. 대표적으로 주어의 경우 문장에서 자주 생략되는 모습을 보인다. 다음의 예시를 보자.

(11) A. "나 오늘 새 옷을 입었어."
     B. "정말 예쁘다."
     A. "고마워."
     B. "얼마야?"
     A. "10만 원 정도 해."
     B. "너무 비싸다."

(11)의 대화에서 B의 말은 모두 주어가 생략된 문장이다. 첫 번째 B의 말에서는 '옷이' 혹은 '너가'에 해당되는 주어가 생략되었고, 두 번째 B의 말에서는 '옷이' 혹은 '값이'에 해당하는 주어가 생략되었다. 마지막 B의 말 역시 '옷이' 혹은 '값이'에 해당하는 주어의 모습이 나타나지 않는다. 하지만 주어가 생략되었다고 하여 문장을 해석하는 데 어려움이 있지는 않다. 이러한 주어 생략은 주로 대화 상황에서 나타나며, 대화 상황에서는 목적어까지 생략되어 서술어만 나타나는 경우도 많다. 이처럼 한국어의 주어는 문장에서 생략되어도 통사적으로 문제가 되지 않는다.

주어 중복

한국어에는 여러 개의 주어가 한 문장 안에 연달아 같이 사용되는 경우도 있다. 이러한 특징은 다른 언어에서 잘 나타나지 않는 것으로 한국어만의 특이한 특징으로 보인다. 다음의 예시를 보자.

(12) ㄱ. <u>나연이가</u> <u>마음씨가</u> 착하다.
　　　ㄴ. <u>태형이가</u> <u>씀씀이가</u> 크다.

(12ㄱ), (12ㄴ)에서 밑줄 친 부분은 모두 주어이다. 이러한 주어 중복은 주어의 생략과 마찬가지로 주로 대화 상황에서 나타나는 통사적 특징이다. 물론 이와 같은 표현은 문법적으로 가능할 뿐, 일반적으로 많이 사용되는 것은 아니다. 그렇지만 한국어의 문장 안에서 주어는 분명 중복되어 나타날 수 있는 것이기 때문에, 이 역시 하나의 통사적 특징으로 봐야 한다. 결국 한국어에서는 하나의 문장 안에 둘 이상의 주어가 연달아서 사용될 수 있는 것이다.

높임말

한국어에는 높임말(honorific)이 존재한다. 높임말이란 사람이나 사물을 높여 부르는 말로 다른 언어에서는 잘 나타나지 않는 표현 방식이다. 한국어의 경우 높임말이 있는 것뿐만 아니라 다양한 방식으로 발달했다는 특징이 있다. 다음의 예시를 보자.

(13) ㄱ. 선생님께서 학교에 계신다.
　　　ㄴ. 나연아, 선생님을 모시고 가.
　　　ㄷ. 태형아, 이 책을 선생님께 드려줘.
　　　ㄹ. 선생님, 안녕하세요.

(13)은 모두 '선생님'에 대한 높임 표현이다. 하지만 문장마다 높임 방식에 조금씩 차이가 있다. (13ㄱ)은 주어인 '선생님'을 높이는 표현이고, (13ㄴ)과 (13ㄷ)은 각각 목적어와 부사어로 쓰인 '선생님'을 높이는 표현이다. 그리고 (13ㄹ)의 경우 다른 문장들과 달리 대화 상황에서 직접 말을 듣고 있는 대상인 '선생님'을 높여 부르는 표현이다. 이처럼 한국어는 높임말이 다양하게 발달되어 있으며, 이 역시 한국어의 독특한 통사적 특징 중 하나라고 할 수 있다.

마무리하기

· 한국어의 형태적 특징은 다음과 같다.
  ① 한국어는 교착어(膠着語, agglutinative language)이다.
  ② 한국어는 조사(助詞, postposition)와 어미(語尾, ending)가 발달
     되어 있다.
  ③ 한국어는 감각 표현과 상징부사(象徵副詞)가 발달되어 있다.
  ④ 한국어에서 문법적 요소는 주로 단어 혹은 어간 뒤에 결합하며,
     둘 이상의 문법적 요소가 결합할 때는 일정한 순서가 존재한다.
  ⑤ 한국어에서 단어 혹은 어간 뒤에 결합하는 문법적 요소는 앞 말
     의 받침 유무에 따라 교체되기도 한다.

· 한국어의 통사적 특징은 다음과 같다.
  ① 한국어는 주로 '주어 + 목적어 + 서술어'의 어순을 가진다.
  ② 한국어에서 주어는 자주 생략된다.
  ③ 한국어에서 주어는 한 문장 안에 연달아 사용할 수 있다.
  ④ 한국어는 다양한 높임말(honorific)이 발달했다.

제2부

형태론

제3장 형태소

3.1. 형태소의 개념

형태소는 일반적으로 '최소의미단위'라고 정의되는 가장 작은 문법 단위이다. 이러한 일반적인 정의를 중심으로 형태소의 기본적인 개념과 특징을 살펴보자.

형태소

형태소(形態素, morpheme)는 문법 단위 중에서 가장 작은 단위이다. 문법 단위라는 것은 뜻을 가지는 단위를 말한다. 가령 '사람'이란 단어는 'ㅅ', 'ㅏ', 'ㄹ', 'ㅏ', 'ㅁ'의 자음(子音, consonant)과 모음(母音, vowel)으로 구성된다. 이때 자음과 모음을 소리 단위라고 하는데, 각각의 자음과 모음은 특정한 소리를 나타낼 뿐, 어떠한 의미를 지니지는 않는다. 이들은 '사람'이라는 하나의 단어로 결합했을 때 비로소 의미를 갖게 된다. 즉 문법 단위라는 것은 소리 단위가 결합하여 의미를 갖게 된 것을 말한다. 이러한 문법 단위에는 형태소 외에도 '단어', '어절', '구', '절', '문장' 등이 있다. 이 중에서 가장 작은 단위가 바로 형태소이다.

최소의미단위

최소의미단위(最小意味單位, a minimal meaningful unit)란 뜻을 가진 가장 작은 말의 단위를 말한다. 문법 단위 중 가장 작은 단위인 형태소가 바로 최소의미단위이다. 최소의미단위라는 것은 결국 더 이상 쪼개면 의미가 없어지는, 다시 말해 더 이상 쪼갤 수 없는 의미의 단위라는 뜻이기도 하다. 다음의 예시를 보자.

(1) ㄱ. 물, 불, 풀, 흙, …
    ㄴ. 먹다, 마시다, 좋다, 나쁘다, …

(1ㄱ)의 '물'은 소리 단위의 기준에서 'ㅁ', 'ㅜ', 'ㄹ'로 쪼갤 수 있다. 하지만 자음 'ㅁ', 'ㄹ'이나 모음 'ㅜ'가 어떠한 의미를 갖는 것은 아니다. 이는 '불', '풀', '흙' 등도 마찬가지이다. 이들을 더 작게 쪼갤 경우 그 의미를 잃게 된다. 결국 '물', '불', '풀', '흙' 등은 최소의미단위인 형태소이다. 반면 (1ㄴ)의 '먹다', '마시다', '좋다', '나쁘다' 등의 단어들은 하나의 형태소라고 할 수 없다. '먹다'는 어간 '먹-'과 어미 '-다'가 결합한 단어인데, 이때 어간 '먹-'은 '먹다'의 어휘적인 의미를 결정한다. 결국 '먹다'라는 단어의 의미는 '먹-'의 의미와 크게 다르지 않은 것이다. 즉 어간 '먹-'은 그 자체가 의미를 갖는 하나의 단위로 볼 수 있다. 또한 어미 '-다'의 경우 문법적으로 종결의 의미를

지니는 말이다. 따라서 어미 '-다' 역시 의미를 갖는 하나의 단위이다. 결과적으로 '먹다'는 '먹-'과 '-다'라는 더 작은 의미 단위로 분석될 수 있기 때문에 최소의미단위가 아니며, 따라서 하나의 형태소라고 할 수 없다. 이와 마찬가지로 '마시다', '좋다', '나쁘다' 등의 단어 또한 각각의 어간과 어미가 최소의미단위이기 때문에 그 자체를 하나의 형태소로 볼 수 없다.

형태소의 교체

형태소가 항상 같은 모습으로 나타나는 것은 아니다. 형태소는 위치하는 환경에 따라 그 모습을 달리하는 경우가 많다. 이를 형태소의 교체(交替, alternation)라고 한다. 다음의 예시를 보자.

(2) ㄱ. 먹다[먹따], 먹고[먹꼬], 먹지[먹찌]
    ㄴ. 먹는[멍는]

(2ㄱ)에서 '먹다', '먹고', '먹지' 등의 어간 '먹-'은 표기 그대로 [먹]으로 발음된다. 하지만 (2ㄴ)에서 '먹는'의 어간 '먹-'은 [먹]이 아닌 [멍]으로 발음된다. 다시 말해서 형태소 '먹-'은 'ㄴ' 앞에서 '멍-'으로 교체되는 것이다. 이때 [멍]과 같이 특정한 환경에서 교체되는 형태소를 이형태(異形態, allomorph)라고 하며,

[먹]과 같이 교체되기 전의 형태, 즉 이형태들의 기본적인 형태를 기본형(基本形, basic allomorph)이라고 한다.

더 알아보기: 자동적 교체와 비자동적 교체

형태소의 교체(交替, alternation)는 다시 자동적 교체(自動的交替)와 비자동적 교체(非自動的交替)로 구분된다. 우선 '자동적 교체'는 일정한 조건에 따라 무조건적으로 교체되는 경우를 말한다. 가령 '먹는[멍는]'의 경우 자음 'ㄱ'과 'ㄴ'은 음운론적인 제약에 따라 연속해서 발음될 수 없다. 따라서 이때의 '먹-'은 무조건 '멍-'으로 교체되며, 이를 자동적 교체라고 한다. 반면 '비자동적 교체'는 어떠한 제약에 관계 없이 선택적으로 교체되는 경우를 말한다. 가령 한국어에서 자음과 자음이 연속되거나, 모음과 모음이 연속되는 것은 굉장히 자연스러운 일이다. 그럼에도 불구하고 '학생'에는 반드시 '이'가, '친구'에는 반드시 '가'가 오는 교체 양상을 보인다. 이러한 교체가 바로 비자동적 교체이다.

3.2. 형태소의 분석

형태소는 '계열관계'와 '통합관계'를 고려하여 분석된다. 여기에서는 계열관계와 통합관계를 정리하고, 이를 통해 형태소가 어떻게 분석되는지 살펴보자.

계열관계

계열관계(系列關係, paradigmatic relation)란 같은 성질을 갖는 말들 사이의 관계를 의미한다. 따라서 계열관계에 있는 형태소들은 서로 바꿔 사용해도 문제가 되지 않는다. 다음의 예시를 보자.

(3) ㄱ. 하늘이, 땅이, 강이, 산이
    ㄴ. 하늘이, 하늘은, 하늘도

(3ㄱ)에서 '하늘'은 '땅', '강', '산' 등의 단어들과 계열관계를 이룬다. 따라서 '하늘이'라는 말에서 형태소인 '하늘' 대신 '땅', '강', '산' 등을 사용할 수 있다. 마찬가지로 (3ㄴ)에서 '이'는 '은', '도' 등의 단어들과 계열관계를 이룬다. 결국 '하늘이'에서 나타나는 '이' 대신 '은', '도' 등을 사용할 수 있는 것이다. 이러한 계열관계를 고려하여 위의 예시는 다음과 같이 분석할 수 있다.

(4) ㄱ. (하늘 / 땅 / 강 / 산) + 이
    ㄴ. 하늘 + (이 / 은 / 도)

(4ㄱ)과 같이 '하늘'은 '땅', '강', '산' 등과 바꿔 사용할 수 있는 단어이다. 또한 (4ㄴ)처럼 '이'는 '은', '도' 등과 바꿔 사용

할 수 있다. 따라서 '하늘이'는 '하늘 + 이'로 분석된다. 이처럼 계열관계에 놓인 말들은 서로 바꿔 사용할 수 있다는 점에서 하나의 형태소로 분석할 수 있다.

통합관계

통합관계(統合關係, rapportsyntagmatique)란 서로 결합하여 같이 쓰일 수 있는 말들 사이의 관계를 의미한다. 통합관계에 놓인 말들을 서로 비교하면 그 말이 형태소로 분석될 수 있는지를 판단하기 쉽다. 다음의 예시를 보자.

(5) ㄱ. 하늘이, 하늘만, 하늘만이
ㄴ. 먹다, 먹었다, 먹겠다, 먹었겠다

(5ㄱ)에서 '하늘'은 '이', '만'과 결합하여 '하늘이', '하늘만'이라는 말로 사용할 수 있다. 또한 '하늘'과 '이' 사이에 '만'이라는 조사가 덧붙어서 사용되기도 한다. 이 경우 '하늘이'에서 한정의 의미를 갖는 '만'이 추가되어 '하늘만이'라는 말이 된다. 즉 '하늘', '만', '이' 등은 서로 결합하여 같이 쓰일 수 있는 말이므로 통합관계에 놓인 것이다. 마찬가지로 (5ㄴ)의 '먹다'는 어간 '먹-'과 어미 '-다'가 결합된 것인데, '먹-'과 '-다' 사이에는 '-었-', '-겠-', '-었겠-' 등이 덧붙어서 사용될 수 있다. '-었-'

이 붙으면 과거 시제의 의미가 추가되고, '-겠-'이 붙으면 미래 시제의 의미가 추가되며, '-었겠-'이 붙으면 과거에 대한 추측의 의미가 추가된다. 즉 '먹-', '-었-', '-겠-', '-다' 등 역시 서로 통합관계에 놓인 말들이다. 이러한 통합관계를 고려하여 위의 예시는 다음과 같이 분석할 수 있다.

(6) ㄱ. 하늘 + 이 / 하늘 + 만 / 하늘 + 만 + 이
ㄴ. 먹- + -다 / 먹- + -었- + -다 / 먹- + -겠- + -다 /
먹- + -었- + -겠- + -다

(6ㄱ)과 같이 '하늘'은 '만', '이' 등과 서로 결합하여 같이 쓰일 수 있다. 따라서 '하늘이'와 '하늘만'이라는 말은 '하늘 + 이'와 '하늘 + 만'으로 분석되며, '하늘만이'는 '하늘 + 만 + 이'로 분석된다. 또한 (6ㄴ)처럼 '먹-'이라는 어간에는 어미 '-었-', '-겠-', '-다' 등이 서로 결합하여 쓰인다. 결국 '먹다'는 '먹- + -다'로, '먹었다'는 '먹- + -었- + -다'로, '먹겠다'는 '먹- + -겠- + -다'로, '먹었겠다'는 '먹- + -었- + -겠- + -다'로 분석된다. 이처럼 통합관계에 놓인 말들 사이에 끼어들 수 있는 말이 있다면, 이 역시 하나의 형태소로 볼 수 있다.

3.3. 형태소의 종류

형태소의 종류는 자립성의 유무에 따라 '자립형태소'와 '의존형태소'로 나뉘고, 실질적 뜻의 유무에 따라 '실질형태소(어휘형태소)'와 '형식형태소(문법형태소)'로 나눌 수 있다. 나아가 오직 한 단어의 구성 요소로 쓰이는 '유일형태소'도 하나의 종류로 포함된다. 여기에서는 이러한 형태소들의 개념과 그 특징에 대해 알아보자.

자립형태소와 의존형태소

형태소는 홀로 독립해서 쓸 수 있는 것도 있고, 다른 형태소와의 결합을 통해서 쓸 수 있는 것도 있다. 홀로 독립해서 쓸 수 있는 형태소를 자립형태소(自立形態素, free morpheme)라고 하고, 다른 형태소와의 결합을 통해서만 사용할 수 있는 형태소를 의존형태소(依存形態素, bound morpheme)라고 한다. 다음의 예시를 보자.

(7) ㄱ. 하늘, 저, 하나, 새, 아주, 진짜, …
ㄴ. 먹-, 좋-, -다, 이/가, 헛-, -꾼, …

(7ㄱ)의 '하늘', '저', '하나', '새', '아주', '진짜' 등은 모두 하나의 단어이다. 하나의 단어가 된다는 말은 곧 홀로 독립해서

쓸 수 있다는 것이다. 따라서 이들은 모두 자립형태소이다. 이러한 자립형태소에는 명사, 대명사, 수사, 관형사, 부사, 감탄사가 포함된다. 반면 (7ㄴ)의 '먹-', '좋-', '-다', '이/가', '헛-', '-꾼' 등은 모두 문장에서 홀로 쓰일 수 없는 것들이다. 어간 '먹-'과 '좋-'은 반드시 뒤에 어미가 결합된 형태로만 쓸 수가 있고, 어미 '-다' 역시 어간과의 결합을 통해서만 사용된다. 또한 조사 '이/가'는 체언 뒤에 결합하여 사용되며, '헛-'과 '-꾼' 같은 접사는 특정 어근에 결합하여 사용된다. 따라서 이들은 모두 다른 형태소와의 결합을 통해서만 사용할 수 있는 의존형태소이다. 이러한 의존형태소에는 동사 어간, 형용사 어간, 어미, 조사, 접사가 해당된다.

실질형태소(어휘형태소)와 형식형태소(문법형태소)

형태소는 그 자체로 어휘적인 의미를 갖는 경우도 있고, 어휘적인 의미는 없지만 문법적인 의미를 갖는 형태소도 있다. 어휘적인 의미를 지닌 형태소를 실질형태소(實質形態素) 또는 어휘형태소(語彙形態素, lexical morpheme)라고 하고, 문법적인 의미를 지닌 형태소를 형식형태소(形式形態素) 또는 문법형태소(文法形態素, grammatical morpheme)라고 한다. 다음의 예시를 보자.

(8) ㄱ. 하늘, 저, 하나, 먹-, 좋-, 새, 아주, 진짜, …

ㄴ. -다, 이/가, 헛-, -꾼, …

(8ㄱ)의 '하늘', '저', '하나', '먹-', '좋-', '새', '아주', '진짜' 등은 모두 어휘적인 의미를 갖는 형태소들이다. 따라서 이들은 모두 실질형태소로 분류된다. 이러한 실질형태소에는 명사, 대명사, 수사, 관형사, 부사, 감탄사 그리고 동사와 형용사의 어간이 포함된다. 반면 (8ㄴ)의 '-다', '이/가', '헛-', '-꾼' 등은 모두 어휘적인 의미 대신 문법적인 의미를 갖는 형태소들이다. 따라서 이들은 모두 형식형태소로 분류된다. 이러한 형식형태소에는 어미, 조사, 접사가 포함된다. 일반적으로 자립형태소는 실질형태소이고, 의존형태소는 형식형태소가 된다. 다만 '먹-', '좋-' 등과 같은 동사 혹은 형용사의 어간은 조금 특이하다. 이들은 홀로 쓰일 수 없는 의존형태소이지만, 어휘적인 의미를 갖기 때문에 실질형태소로 분류된다.

유일형태소

형태소 중에서는 오직 한 단어의 구성 요소로만 쓰이는 형태소도 있다. 이러한 형태소를 유일형태소(唯一形態素, unique morpheme)라고 한다. 다음의 예시를 보자.

(9) ㄱ. 다람-쥐, 박-쥐

　　ㄴ. 지-붕

　　ㄷ. 없-애-다

　(9ㄱ)의 '다람', '박'은 모두 '쥐' 앞에 붙는 말이다. 이들은 그 의미가 명확하지 않은데, '쥐' 앞에 올 경우 특정한 동물을 지칭하는 말이 된다. 따라서 이들도 하나의 형태소로 인정한다. 그런데 '다람'과 '박'은 오직 '쥐' 앞에서만 나타난다. 이처럼 특정 단어의 구성 요소로만 사용되는 형태소를 유일형태소라고 한다. (9ㄴ)의 '지붕' 역시 이와 같다. '지붕'을 형태소로 분석하면 '집 + -웅'이 된다. 이때의 접미사 '-웅'은 오직 '집' 뒤에서만 나타난다. 이와 마찬가지로 (9ㄷ)의 '없애다' 역시 어미 '-애-'가 어간 '없-' 뒤에서만 나타난다. 따라서 '지붕'의 '-웅'이나 '없애다'의 '-애-' 또한 유일형태소로 분류된다.

마무리하기

- 형태소(形態素, morpheme)는 최소의미단위(最小意味單位, a minimal meaningful unit)이다. 이때 최소의미단위란 뜻을 가진 가장 작은 말의 단위를 뜻한다.

- 형태소는 위치하는 환경에 따라 형태를 바꾸기도 한다. 이를 형태소의 교체(交替, alternation)라고 한다.

- 특정 환경에서 교체되는 형태소들을 이형태(異形態, allomorph)라고 하고, 이러한 이형태들의 기본 형태를 기본형(基本形, basic allomorph)이라고 한다.

- 계열관계(系列關係, paradigmatic relation)란 같은 성질을 갖는 말들 사이의 관계를 의미한다.

- 통합관계(統合關係, rapportsyntagmatique)란 서로 결합하여 같이 쓰일 수 있는 말들 사이의 관계를 의미한다.

- 계열관계와 통합관계의 원리에 따라 하나의 단어는 더 작은 단위인 형태소로 분석될 수 있다.

- 자립형태소(自立形態素, free morpheme)란 홀로 독립해서 쓸 수 있는 형태소를 말한다. 자립형태소에는 명사, 대명사, 수사, 관형사, 부사, 감탄사가 포함된다.

· 의존형태소(依存形態素, bound morpheme)란 홀로 쓰일 수 없고, 다른 형태소와의 결합을 통해서만 사용되는 형태소를 말한다. 의존형태소에는 동사 어간, 형용사 어간, 어미, 조사, 접사가 포함된다.

· 실질형태소(實質形態素) 혹은 어휘형태소(語彙形態素, lexical morpheme)란 어휘적인 의미를 지닌 형태소를 말한다. 명사, 대명사, 수사, 관형사, 부사, 감탄사 그리고 동사와 형용사의 어간이 이에 포함된다.

· 형식형태소(形式形態素) 혹은 문법형태소(文法形態素, grammatical morpheme)란 문법적인 의미를 지닌 형태소를 말한다. 어미, 조사, 접사가 이에 포함된다.

· 유일형태소(唯一形態素, unique morpheme)란 오직 한 단어의 구성 요소로만 쓰이는 형태소를 말한다.

제4장 단어

4.1. 단어의 개념

학교 문법이나 일부 문법서에서는 단어를 '최소자립형식'이라고 정의한다. 이에 대해 많은 의심을 하지 않고 있다. 하지만 이러한 정의만으로는 단어를 완전하게 설명할 수 없다. 그렇다면 우리는 단어를 어떻게 이해해야 하는가. 단어와 관련된 몇 가지 이론들을 살피며, 그 개념을 보다 명확하게 이해해 보자.

단어

단어(單語, word)는 낱말이라고도 하며, 단일한 의미를 지니는 소리의 결합체라고 정의된다. 하지만 문법적으로 단어를 딱 한 가지의 개념으로만 정의하는 것은 쉽지 않다. 단순히 의미를 지니는 단위라고 하기에는 형태소와 겹치는 부분도 있고, 단일한 의미를 지녔음에도 단어라고 보기 어려운 경우도 있기 때문이다. 이러한 문제 때문에 단어를 명확하게 정의하기는 어려우며, 현재에도 여전히 다양한 개념으로 설명되고 있다. 결국 단어란 것은 문법적인 몇 가지 기준을 통해서 이해하는 것이 최선이다.

최소자립형식

최소자립형식(最小自立形式, a minimal free form)이란 문장 안에서 다른 요소의 도움 없이 홀로 쓰일 수 있는 최소의 단위를 말한다. 다음의 예시를 보자.

(10) ㄱ. 하늘, 땅, 공부, 노래, …
　　　ㄴ. 이, 그, 저, …
　　　ㄷ. 하나, 둘, 셋, …
　　　ㄹ. 아주, 매우, 정말, 진짜, …
　　　ㅁ. 먹-, 마시-, 좋-, 나쁘-, …

(10ㄱ)에서 '하늘', '땅', '공부', '노래' 등은 특정한 사물을 뜻하는 말들이다. 이들은 모두 문장 안에서 홀로 쓰일 수 있는 말이기 때문에 단어이다. 또한 (10ㄴ)의 '이', '그', '저' 등은 사물이나 장소를 가리키는 말이며, (10ㄷ)의 '하나', '둘', '셋' 등은 사물의 수를 나타내는 말이다. 이들 역시 문장에서 홀로 쓰일 수 있는 단어이다. 한편 (10ㄹ)의 '아주', '매우', '정말', '진짜' 등은 뒤에 오늘 말을 꾸며주는 기능을 한다. 물론 이들 또한 문장에서 다른 요소의 도움 없이 홀로 쓰일 수 있기 때문에 단어이다. 그런데 문제는 (10ㅁ)의 '먹-', '마시-', '좋-', '나쁘-' 등과 같은 경우이다. 이들은 어떠한 동작이나 상태를 나타내는 말인데, 이러한 말들은 항상 어미와 결합하여 사용된다. 예컨대 '먹-'은 '먹다'와

같이 어미 '-다'와 결합한다. 이때 어간 '먹-'이나 어미 '-다'는 문장에서 홀로 쓰일 수 없다. 결국 이들은 항상 결합된 형태로 쓰이기 때문에 어간과 어미가 각각 최소자립형식인 것은 아니며, 당연하게도 단어라고 볼 수도 없다. 이 경우 오직 어간과 어미의 결합 형태만을 하나의 단어로 인정한다. 따라서 '먹다', '마시다', '좋다', '나쁘다' 등은 단어라고 볼 수 있지만, 어간인 '먹-', '마시-', '좋-', '나쁘-' 혹은 어미인 '-다'를 단어로 보지는 않는 것이다. 이러한 최소자립형식의 조건은 문장 속에서 더욱 자세하게 확인할 수 있다. 다음의 예시를 보자.

(11) 그 노래 정말 좋았다(좋- + -았- + -다).

(11)에서 '그', '노래', '정말' 등은 다른 요소의 도움 없이 홀로 쓰이고 있다. 이들은 모두 최소자립형식의 조건을 만족하기 때문에 단어가 된다. 한편 '좋았다'는 기본형 '좋다'의 어간 '좋-' 뒤에 과거 시제를 의미하는 어미 '-았-'이 결합된 형태이다. 따라서 '좋았다'는 '좋- + -았- + -다'로 분석된다. 하지만 이렇게 분석된 형태가 문장 속에서 홀로 쓰일 수 없고, 반드시 '좋았다'의 형태로만 나타난다. 즉 '좋았다'가 하나의 단어인 것이지, 각각의 구성 요소가 단어인 것은 아니다. 결국 위의 문장은 '그', '노래', '정말', '좋았다'의 네 단어로 구성된 문장이다.

비분리성

단어의 조건에는 비분리성(非分離性, inseparability)도 있다. 비분리성이란 단어는 하나의 단위이기 때문에 문장 안에서 분리되어 사용할 수 없다는 것이다. 다음의 예시를 보자.

   (12) 초등학교, 중학교, 고등학교, 대학교

   (12)의 예시는 모두 '초등 + 학교', '중 + 학교', '고등 + 학교', '대 + 학교'로 분석된다. 그런데 이때 '학교'도 문장에서 홀로 쓰일 수 있고, '초등', '중', '고등', '대' 또한 문장에서 홀로 쓰일 수 있는 단어이다. 결국 최소자립형식의 기준에서는 (12)의 예들을 하나의 단어로 인정하기 어렵다. 하지만 문장에서 이들을 사용할 때 '초등', '중', '고등', '대'를 '학교'와 분리하지는 않는다. 이를 분리하여 사용하면 그 의미가 달라지기 때문이다. 따라서 이처럼 최소자립형식끼리 결합된 말이라도 문장에서 분리하여 사용할 수 없다면 하나의 단어로 봐야 한다. 이러한 비분리성의 조건이 가장 잘 드러나는 대표적인 예는 '작은아버지'이다. 비분리성의 조건에 의하면 '작은아버지'는 하나의 단어이지만, '작은 아버지'는 하나의 단어가 아니다. 다음의 예시를 보자.

   (13) ㄱ. 너의 <u>작은아버지</u>는 어디에 계시니?
         ㄴ. <u>작은</u> 너의 <u>아버지</u>는 어디에 계시니?

(13ㄱ)에서 쓰인 '작은아버지'는 '아버지의 남동생'을 뜻하는 말이다. 그런데 만약 '작은아버지'를 (13ㄴ)처럼 분리하여 사용한다면 더 이상 아버지의 남동생을 뜻하는 말이 되지 않는다. 이 경우 '작은 몸집을 가진 아버지'라는 뜻이 된다. 결국 '작은아버지'는 '작은'과 '아버지'라는 최소자립형식끼리 결합된 말이지만, 문장에서 이를 분리하여 사용할 수 없는 것이다. 따라서 '작은아버지'는 비분리성의 조건에 의해 하나의 단어로 봐야 한다. 반면 '작은 아버지'는 (13ㄴ)의 문장처럼 분리하여 사용해도 전혀 문제가 되지 않는다. 이 경우 '작은'과 '아버지'를 각각 단어로 볼 뿐, '작은 아버지'를 하나의 단어로 보지 않기 때문이다.

이처럼 한국어에서는 최소자립형식과 비분리성의 조건을 만족하는 말들에 한하여 단어로 인정한다. 결과적으로 한국어 문법에서 말하는 단어란 '문장에서 분리될 수 없는 최소의 자립형식'이라 정의되는 것이다.

4.2. 단어의 구성

단어는 '단일어'와 '복합어'로 분류되는데, 단일어는 하나의 실질형태소가 단어가 되기 때문에 단순한 구성이지만, 복합어는 하나의 실질형태소에 또 다른 실질형태소나 형식형태소가 결합하기 때문에 조금 더 복잡한 구성을 이룬다. 이때 복합어를 구성하는 단어의 구성 요소들에는 '어근', '접사', '어간', '어미'

등이 있다. 여기에서는 이러한 단어의 구성 요소들에 대해 알아
보자.

어근과 접사

어근(語根, root)이란 단어에서 의미의 중심이 되는 부분을 말
한다. 즉 어근은 단어의 구성 요소 중에서 어휘적인 의미를 결
정하는 부분이다. 반면 접사(接辭, affix)는 어근에 결합하는 단
어의 구성 요소이며, 단어의 문법적인 기능을 결정하는 부분이
다. 다음의 예시를 보자.

(14) ㄱ. 먹이 → 먹-(어근) + -이(접사)

ㄴ. 먹었다 → 먹-(어근) + -었-(접사) + -다

(14ㄱ)의 '먹이'는 '먹을 거리'의 의미를 갖는다. 이때 '먹을
거리'에 해당하는 의미는 '먹-'에 의해서 결정된다. 즉 '먹이'에
서 '먹-'은 어근이다. 또한 '먹이'는 동사 '먹다'의 '먹-'에 '-이'
가 결합하여 명사가 된 것이다. 이때 명사의 문법적 기능을 갖
게 하는 부분은 바로 '-이'이다. 따라서 이때의 '-이'는 접사이
다. 이러한 구분은 (14ㄴ)의 경우에서도 확인할 수 있다. '먹었
다'는 기본형 '먹다'의 과거형인데, 이때 그 의미는 동일하다.
다만 문법적인 기능이 현재 시제에서 과거 시제로 바뀐 것뿐이

다. 즉 '먹었다'는 '-었-'에 의해서 과거 표현이라는 문법적인 기능을 갖게 된 것이므로, 이때의 '-었-'은 접사이다. 그리고 당연하게도 '먹었다'가 '먹다'의 의미를 유지하는 이유는 어근인 '먹-'이 그대로 사용되었기 때문이다.

더 알아보기: 어기

단어를 구성하는 요소 중에서는 어기(語基, base)도 있다. 어기는 단어의 기초가 되는 부분을 말하는데, 어근(語根, root)과 동일한 개념으로 보는 것이 일반적이다. 다만 차이가 있다면 어근은 어휘적인 의미를 갖는 요소 그 자체를 뜻하는 반면, 어기는 접사(接辭, affix)와의 결합에서 어휘적인 의미를 결정하는 부분이다. 쉽게 설명하자면 어근은 접사와 결합하는 과정에서 어기라고 불리는 것이다. 예컨대 '먹-'은 어휘적인 의미를 갖는 요소이기 때문에 어근이다. 그리고 '먹이'에서 '먹-'은 접사 '-이'가 결합된 부분이기 때문에 어기가 된다. 결국 어휘적인 의미를 갖는 요소는 모두 어근이지만, 접사와의 관계 안에서 얘기할 때는 어기라고도 불린다.

접두사와 접미사

접사는 어근의 앞에 결합하는 경우도 있고, 어근의 뒤에 결합하는 경우도 있다. 어근을 기준으로 앞에 위치하는 접사를 접두사(接頭辭, prefix)라 하고, 뒤에 위치하는 접사를 접미사(接尾辭, suffix)라 한다. 다음의 예시를 보자

(15) ㄱ. 헛-수고, 맨-손, 풋-사과, 새-파랗다, …

　　　ㄴ. 먹-이, 울-보, 장사-꾼, 사랑-스럽-다, …

(15ㄱ)에서 '헛-', '맨-', '풋-', '새-' 등은 모두 어근 앞에 결합하는 접두사이다. 반면 (15ㄴ)의 '-이', '-보', '-꾼', '-스럽-' 등은 모두 어근 뒤에 결합하는 접미사이다. 한국어에는 접미사가 발달되어 있으며, 접두사는 그 예가 많지 않다.

파생접사와 굴절접사

접사는 어근에 결합하여 새로운 단어를 만들어 내기도 하고, 문장 안에서 특정한 문법적 기능을 추가하기도 한다. 어근에 결합하여 새로운 단어를 만들어 내는 접사를 파생접사(派生接辭, derivational affix)라 하고, 문장에서 특정한 문법적 기능을 더하는 접사를 굴절접사(屈折接辭, inflectional affix)라 한다. 다음의 예시를 보자.

(16) ㄱ. 먹-이

　　　ㄴ. 먹이-가, 먹-었-다

(16ㄱ)에서 '먹이'는 '먹다'의 어근 '먹-'에 접사 '-이'가 결합한 단어이다. 이때 기본형 '먹다'는 동사지만, 접사 '-이'의 결합

으로 인해 명사가 된다. 이처럼 새로운 단어를 만들어 내는 접사를 파생접사라고 한다. 한편 (16ㄴ)의 '먹이가'는 '먹이'라는 단어에 접사 '가'가 추가된 형태이다. 이때 접사 '가'는 '먹이'에 결합하여 문장에서 주어의 기능을 하게 한다. 또한 '먹었다'의 경우 '먹-' 뒤에 접사 '-었-'이 추가되어 과거 시제의 기능을 더한다. 이처럼 어근에 결합하여 특정한 문법적 기능을 더하는 접사를 굴절접사라고 한다. 이에 따라 파생접사의 경우 어근과 결합하는 과정에서 주로 품사를 바꾸지만, 굴절접사는 품사를 바꾸지 못한다. 한편 굴절접사는 다시 조사(助詞, postposition)와 어미(語尾, ending)로 구분될 수 있는데, '가'와 같이 체언 뒤에 붙는 굴절접사를 조사라 하고, '-었-'과 같이 용언 뒤에 붙는 굴절접사를 어미라 한다.

더 알아보기: 파생접사와 굴절접사의 차이

허웅(1983)에서는 가지1(파생접사), 가지2(굴절접사)의 다름을 다음의 몇 가지로 설명하였다. 첫째, 가지1에 붙을 수 있는 뿌리(어근)는 그 범위가 국한되는 것이 보통이다. 그러나 가지2는 그러한 제약을 받지 않는다. 예를 들어 '올-'은 '벼', '밤', '콩', '감자', '조' 정도만 결합하는데, 조사 '이'나 어미 '-다'는 대다수의 체언과 용언의 어간에 결합할 수 있다. 둘째, 가지1은 한 말마디 안의 뿌리의 뜻을 꾸미는 구실을 함에 그치지만, 가지2는 그렇지 않다. 셋째, 가지1은 뿌리에 붙어서, 그 뿌리와는 다른 낱말을 만들어 내어, 때로는 그렇게 만들어진 낱말이 뿌리와는 다른 씨의 범주(품사)에 붙게 되는 일도 있다. 하지만 가지2는 그렇지 않다. 예를 들어 가지1인 '-지'는 명사 '값'에 결합하여 '값지다'라는 형용사를 만들어 내어, 뿌리와는 다른 품사를 만들고 있다. 마지막으로 가지1은 가지2보다 뿌리에 더 가까운 자리를 차지한다. 예를 들어 '깨-뜨리-다'에서 가지1인 '-뜨리-'는 가지2인 '-다'보다 뿌리에 더 가까운 자리를 차지하고 있다.

어간과 어미

어간(語幹, stem)이란 굴절접사가 결합하는 어근을 말한다. 그리고 이때의 굴절접사는 어미만을 말한다. 즉 조사의 굴절접사가 결합하는 어근이 있다고 하여도 이를 어간이라 하지는 않는다. 어간은 오직 어미와의 관계에서만 불리는 말이다. 다음의 예시를 보자.

(17) ㄱ. 먹-이
ㄴ. 먹이-가
ㄷ. 먹-고

(17ㄱ)에서 '먹이'는 '먹다'의 어근 '먹-'에 접사 '-이'가 결합한 단어이다. 이 과정에서 접사 '-이'는 동사에서 명사로 품사를 바꾼다. 따라서 '-이'는 파생접사이다. 이때 '먹이'의 '먹-'은 어근이지만 파생접사가 결합했으므로 어간은 아니다. 또한 (17ㄴ)의 '먹이가'는 '먹이'라는 단어에 다시 접사 '가'가 붙은 형태이다. 이 과

정에서 접사 '가'는 문장에서 주어의 기능을 갖게 할 뿐, 새로운 단어를 만들지는 않는다. 따라서 '가'는 굴절접사이다. 더불어 '가'와 같이 굴절접사 중에서도 체언에 결합하는 경우가 있는데, 이러한 굴절접사를 조사라고 한다. 그리고 '먹이가'의 '먹이-' 역시 조사와 결합하기 때문에 어간이라고 하지 않는다. 한편 (17ㄷ)의 '먹고'는 '먹다'의 어근 '먹-'에 접사 '-고'가 결합한 형태인데, 이때 '-고'로 인해 뒤의 말과 연결하는 기능을 갖게 된다. 즉 접사 '-고'는 굴절접사이다. 그리고 '-고'는 '먹-'과 같은 용언의 어근에 결합한다. 이처럼 용언의 어근에 결합하는 굴절접사를 어미라고 한다. 따라서 '먹고'에서 '먹-'은 굴절접사 중에서도 어미와 결합 하는 것이므로 어근인 동시에 어간이 된다. 이를 보다 쉽게 설명 하면 다음과 같다.

(18) ㄱ. 먹-이 → 먹-(어근) + -이(파생접사)

ㄴ. 먹이-가 → 먹이(어근) + 가(굴절접사/조사)

ㄷ. 먹-고 → 먹-(어근/어간) + -고(굴절접사/어미)

(18)과 같이 결국 같은 형태의 어근이라고 하여도 굴절접사 중 어미와 결합할 때는 특별히 어간이라고 불린다. 반대로 파생 접사나 조사와 결합하는 어근의 경우 어간이라고 부를 수 없기 때문에 주의할 필요가 있다.

어미의 분류

한국어의 어미는 다양하게 분류된다. 우선 어미의 위치에 따라 선어말어미(先語末語尾, prefinal ending)와 어말어미(語末語尾, final ending)로 분류된다. 선어말어미는 어간과 어말어미 사이에 위치하는 어미이다. 반면 어말어미는 말 그대로 말의 끝에 위치하는 어미이다. 어말어미는 다시 그 역할에 따라 종결어미(終結語尾), 연결어미(連結語尾), 전성어미(轉成語尾)로 분류된다. 종결어미는 문장을 종결하는 기능을 하고, 연결어미는 뒤의 말과 이어 주는 기능을 하며, 전성어미는 다른 품사의 기능을 수행하게 하는 기능을 한다. 이처럼 한국어에서 어미가 다양하게 발달한 이유는 한국어의 문법적 기능이 주로 어미에 의해 나타나기 때문이다. 이러한 어미의 분류 체계를 간단하게 정리하면 다음과 같다.

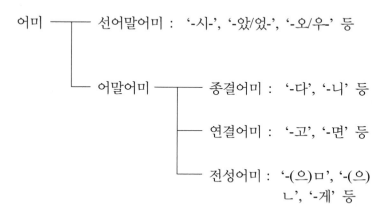

4.3. 단어의 종류

단어는 크게 '단일어'와 '복합어'로 나뉘며, 복합어는 형태소의 결합 방식에 따라 다시 '합성어'와 '파생어'로 나뉜다. 여기에서는 단어의 각 종류들에 대한 개념과 그 특징을 살펴보자.

단일어와 복합어

단어는 크게 단일어(單一語, simple word)와 복합어(複合語, complex word)로 나뉜다. 단일어란 하나의 구성 요소로만 이루어진 단어이며, 복합어란 둘 이상의 구성 요소로 이루어진 단어이다. 단어의 구성 요소라는 것은 결국 형태소를 의미하기 때문에, 단일어는 하나의 형태소가 곧 하나의 단어인 경우를 말한다. 반면 복합어는 둘 이상의 형태소가 결합한 단어인 셈이다. 다음의 예시를 보자.

    (19) ㄱ. <u>나무</u>에 <u>사과</u>가 많이 열렸다.

         ㄴ. <u>사과나무</u>에 <u>풋사과</u>가 많이 열렸다.

(19ㄱ)의 '나무', '사과' 그리고 (26ㄴ)의 '사과나무', '풋사과'는 모두 하나의 단어이다. 그런데 각각의 단어를 형태소로 분석해 보면 약간의 차이가 있다. (19ㄱ)의 '나무'와 '사과'는 더 이상 작은 의미 단위로 쪼갤 수 없다. 즉 '나무'와 '사과'는 하나의 형

태소이자 하나의 단어인 것이다. 반면 (19ㄴ)의 '사과나무'는 '사과 + 나무'로, '풋사과'는 '풋 + 사과'로 분석할 수 있다. 즉 '사과나무'와 '풋사과'는 모두 두 개의 형태소로 이루어진 단어이다. 이때 '나무', '사과'와 같이 하나의 형태소가 하나의 단어를 이루고 있는 형태를 단일어라고 하며, '사과나무', '풋사과'와 같이 둘 이상의 형태소가 결합하여 하나의 단어를 이루고 있는 형태를 복합어라고 한다.

더 알아보기: 단일어의 정의

단일어(單一語, simple word)를 '하나의 형태소가 하나의 단어를 이루고 있는 형태'라고 정의하면 오해가 있을 수 있다. 하나의 형태소라는 관점에서 체언과 같은 불변어는 큰 문제가 없으나, 용언과 같은 가변어는 문제가 된다. 예를 들어 '가다'는 '가'와 '-다'라는 두 개의 형태소로 이루어져 있지만 단일어로 분류된다. 이 문제를 해결하기 위해서는 파생접사와 굴절접사의 특성을 이해해야 한다. 파생접사는 단어 형성에 기여하는 형태소이지만, 굴절접사는 단어 형성에 기여하지 못하는 형태소이다. 이러한 특성을 바탕으로 단일어에 대해 엄격하게 정의한다면, '굴절접사를 제외한 하나의 형태소가 하나의 단어를 이루고 있는 형태'라고 해야 할 것이다.

합성어와 파생어

복합어는 형태소가 결합하는 방식에 따라 다시 합성어(合成語,

compound word)와 파생어(派生語, derived word)로 나뉜다. 합성어는 단어 형성 방법 중 합성에 의해 만들어지는 단어이다. 이때 합성이란 어근과 어근이 결합하는 방식을 말한다. 반면 파생어는 단어 형성 방법 중 파생에 의해 만들어지는 단어인데, 파생이란 접사가 어근에 결합하는 방식이다. 다음의 예시를 보자.

  (20) ㄱ. 사과나무, 밤낮, 책가방, 김밥, …
      ㄴ. 풋사과, 헛수고, 맨손, …

(20ㄱ)의 '사과나무', '밤낮', '책가방', '김밥' 등은 모두 복합어이다. 이때 '사과나무'는 '사과'와 '나무'가 결합한 단어이고, '밤낮'은 '밤'과 '낮', '책가방'은 '책'과 '가방', '김밥'은 '김'과 '밥'이 결합한 단어이다. 그런데 이때 하나의 복합어를 구성하는 각각의 요소들은 모두 어휘적인 의미를 갖는 어근이다. 이처럼 복합어 중에서 어근끼리 결합하여 형성된 단어를 합성어라고 한다. 한편 (20ㄴ)의 '풋사과', '헛수고', '맨손' 등도 복합어이다. 다만 복합어를 구성하고 있는 '풋-', '헛-', '맨-' 등이 어휘적 의미를 갖지 않고, 어근에 대한 뜻을 보충하는 접사라는 점에 차이가 있다. 즉 '풋사과'는 어근인 '사과'에 접사 '풋-'이 결합한 단어이고, '헛수고'는 어근 '수고'에 접사 '헛-'이, '맨손'은 어근 '손'에 접사 '맨-'이 결합한 복합어이다. 이때 복합어가 형성되는 방식이 접사가 어근에 결합한 것이므로, 이들은 복합어 중에서 파생어에 해당한다.

이처럼 단어는 형태소의 수에 따라 단일어와 복합어로 분류되고, 복합어는 다시 형태소의 결합 방식에 따라 합성어와 파생어로 나뉜다. 이러한 단어의 종류를 간단하게 정리하면 다음과 같다.

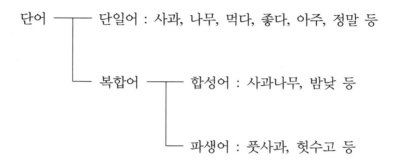

단어 ┬ 단일어 : 사과, 나무, 먹다, 좋다, 아주, 정말 등

　　　└ 복합어 ┬ 합성어 : 사과나무, 밤낮 등

　　　　　　　└ 파생어 : 풋사과, 헛수고 등

마무리하기

· 단어는 최소자립형식(最小自立形式, a minimal free form)이다. 최소자립형식이란 문장 안에서 다른 요소의 도움 없이 홀로 쓰일 수 있는 최소의 단위를 말한다.

· 단어는 비분리성(非分離性, inseparability)의 조건을 갖는다. 비분리성이란 단어는 하나의 단위이기 때문에 문장 안에서 분리되어 사용할 수 없다는 것이다.

· 어근(語根, root)은 단어의 구성 요소 중에서 어휘적인 의미를 결정하는 부분이다.

· 접사(接辭, affix)는 단어의 구성 요소 중에서 문법적인 기능을 결정하는 부분이다.

· 어근의 앞에 오는 접사를 접두사(接頭辭, prefix), 뒤에 오는 접사를 접미사(接尾辭, suffix)라고 한다.

· 어근과 결합하여 새로운 단어를 만들어 내는 접사를 파생접사(派生接辭, derivational affix)라 하고, 어근과 결합하여 특정한 문법적 기능을 더하는 접사를 굴절접사(屈折接辭, inflectional affix)라고 한다.

· 어간(語幹, stem)은 굴절접사 중 어미와 결합하는 어근이며, 어미(語尾, ending)는 용언의 어근에 결합하는 굴절접사이다.

· 어미는 위치에 따라 선어말어미(先語末語尾, prefinal ending)와 어말
어미(語末語尾, final ending)로 나뉘고, 어말어미는 다시 그 역할에
따라 종결어미(終結語尾), 연결어미(連結語尾), 전성어미(轉成語尾)로
분류된다.

· 단어는 형태소가 결합된 수에 따라 단일어(單一語, simple word)와
복합어(複合語, complex word)로 나뉜다.

· 복합어는 다시 형태소의 결합 방법에 따라 합성어(合成語, compound
word)와 파생어(派生語, derived word)로 분류된다.

제5장 단어 형성

5.1. 단어 형성의 이해

단어는 일정한 기준에 의해서 형성되지만, 그 방식은 아주 다양하다. 대표적인 단어 형성 방식은 '합성'과 '파생'이며, 이 외에도 '축약', '혼성', '두자어' 등의 방식으로 단어는 형성된다. 여기에서는 단어 형성을 이해하고, 그 유형들을 살펴보자.

단어 형성

단어(單語, word)는 문장에서 분리될 수 없는 최소의 자립형식이다. 이때 문장에서 분리될 수 없다는 것은 곧 단어가 특정한 의미를 갖는다는 말이고, 최소의 자립형식이라는 것은 이러한 의미가 하나의 형태 안에 담겨 있음을 뜻한다. 즉 단어란 특정한 의미를 나타내는 하나의 형태이기 때문에 분리되지 않으며, 문장에서 홀로 쓰일 수 있는 것이다. 이러한 단어의 특성에 따라 단어를 '의미와 형태의 복합체'라고 정의하기도 한다.

한편 단어 형성(單語形成, formation of word)은 말 그대로 단어가 만들어지는 과정이다. 이때 단어가 '의미와 형태의 복합체'라는 점을 고려한다면, 단어가 만들어지기 위해서는 다음과 같은 의미와 형태의 형성 과정이 필요함을 알 수 있다.

떡을 양념에 볶아서 만든 음식 = 의미 형성

↓

떡볶이 = 형태 형성

↓

떡볶이 : 떡을 양념에 볶아서 만든 음식 = 단어 형성

예를 들어 '떡볶이'라는 단어는 우선 '떡을 양념에 볶아서 만든 음식'이 실제로 만들어졌고, 이 과정에서 의미가 형성된다. 이후 이러한 의미에 맞는 표기를 위해 '떡볶이'라는 형태가 만들어지게 된 것이다. 결국 이와 같은 과정을 통해 '떡볶이'는 '떡을 양념에 볶아서 만든 음식'의 의미를 갖는 단어로 형성된다. 이처럼 어떠한 의미가 나타나고, 이에 대한 형태가 만들어지는 과정에서 단어는 형성된다.

단어 형성 방법

단어는 주로 어근과 어근이 결합하는 합성(合成, compound)과 접사가 어근에 결합하는 파생(派生, derived)의 방법을 통해 형성된다. 그런데 이 외에도 단어 형성 방법으로 제시될 수 있는 것들

이 몇 가지 더 있다. 대표적으로 축약(縮約, abbreviation), 혼성(混成, blend), 두자어(頭字語, acronym) 등이 이에 해당된다. 합성과 파생은 가장 대표적인 단어 형성 방법이므로 이후에 더욱 자세히 다루기로 하고, 여기서는 축약, 혼성, 두자어 등의 기타 단어 형성 방법을 살펴보고자 한다. 우선 축약은 둘 이상의 글자를 하나로 줄여 새로운 형태를 만드는 방법이다. 다음의 예시를 보자.

(21) ㄱ. 그러하다 → 그렇다
　　 ㄴ. 아니하다 → 않다

(21ㄱ)의 '그러하다'와 (21ㄴ)의 '아니하다'는 각각 '그와 같다.', '그와 같지 않다.'의 의미를 갖는 단어이다. 또한 '그러하다'는 '그렇다'로, '아니하다'는 '않다'로 줄여 사용하는 것이 일반적이다. 이때 '그렇다'는 '그러하다'의 '러'와 '하'가 '렇'으로 줄어든 것이고, '않다'는 '아니하다'에서 '아', '니', '하'의 세 글자가 '않'으로 줄어든 것이다. 이처럼 둘 이상의 글자를 하나의 글자로 줄여 새로운 단어를 만드는 방법을 축약이라고 한다.
　한편 혼성은 서로 다른 두 단어의 일부분을 결합하여 새로운 단어를 만드는 방법이다. 다음의 예시를 보자.

(22) ㄱ. 라면 + 떡볶이 = 라볶이
　　 ㄴ. 아침 + 점심 = 아점

(22ㄱ)의 '라볶이'는 '라면과 떡을 같이 볶아 만든 음식'을 뜻하는 단어이고, (22ㄴ)의 '아점'은 '아침 겸 점심으로 먹는 밥'을 뜻하는 단어이다. 이때 '라볶이'는 '라면'의 '라'와 '떡볶이'의 '볶이'가 결합하여 만들어진 것이고, '아점'은 '아침'의 '아'와 '점심'의 '점'이 결합하여 만들어진 것이다. 이처럼 다른 두 단어의 일부분을 서로 결합하여 새로운 단어를 만드는 방법이 바로 혼성이다.

한편 두자어는 합성어에서 다시 각 어근의 첫 글자를 따서 만든 단어를 말한다. 다음의 예시를 보자.

(23) ㄱ. 노동조합 → 노조
      ㄴ. 대한민국 → 한국

(23ㄱ)에서 '노동조합'은 '노동'과 '조합'이라는 서로 다른 두 단어가 결합하여 만들어진 합성어이다. 이때 '노동조합'은 '노동'의 첫 글자인 '노'와 '조합'의 첫 글자인 '조'를 따서 '노조'라는 말로 사용하기도 한다. 이처럼 각 어근의 첫 글자를 따서 새롭게 만든 단어를 두자어라고 한다. 두자어를 형성하는 방식은 각 어근의 첫 글자를 따서 만드는 것이 일반적이지만, 간혹 어근의 마지막 글자를 따서 만들기도 하고, 첫 글자와 마지막 글자를 섞어서 만들기도 한다. 예컨대 (23ㄴ)의 '한국'은 '대한 + 민국'에서 각 어근의 마지막 글자를 따서 만든 것이다.

이처럼 한국어의 단어 형성 방법에는 합성과 파생 외에도 축약, 혼성, 두자어 등이 존재한다. 물론 축약, 혼성, 두자어 등은 특별한 몇 가지의 경우에 적용되는 것이므로, 일반적인 단어 형성 방식은 아니다. 다만 한국어에는 분명 합성과 파생으로 설명할 수 없는 단어가 있기 때문에, 이들 역시 단어 형성 방법의 한 종류로 다룰 필요가 있다. 이상의 단어 형성 방법을 간단하게 정리하면 다음과 같다.

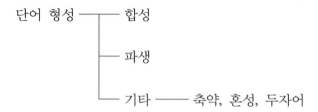

5.2. 합성

합성은 어근과 어근이 결합하여 단어를 형성하는 방법이다. 이때 어근과 어근의 결합하는 방식에 따라 '대등 합성'과 '종속 합성'으로 분류된다. 또한 합성에 의해 형성된 단어의 품사에 따라서도 몇 가지 종류로 분류된다.

대등 합성과 종속 합성

합성(合成, compound)은 어근과 어근이 결합하여 단어를 형성하는 방법이다. 이때 결합하는 두 어근은 의미적으로 대등한 관계를 갖기도 하고, 한 어근이 중심 의미를 갖은 상태에서 나머지 어근이 이를 수식하는 종속적인 관계를 갖기도 한다. 결합하는 두 어근의 관계가 대등한 합성을 대등 합성(對等合成)이라 하고, 두 어근의 관계가 종속적인 합성을 종속 합성(從屬合成)이라 한다. 다음의 예시를 보자.

(24) ㄱ. 밤-낮, 강-산, …
　　　ㄴ. 새-해, 큰-집, 들어-가다, 뛰-놀다, …

(24ㄱ)에서 '밤낮', '강산'은 각각 '밤과 낮', '강과 산'의 의미를 지니는 합성어이다. 이러한 의미를 고려할 때, '밤 + 낮'과 '강 + 산'의 관계는 서로 대등함을 알 수 있다. 따라서 이와 같은 합성어들은 모두 대등 합성의 예이다. 한편 (24ㄴ)에서 '새해', '큰집', '들어가다', '뛰놀다' 등은 모두 앞의 말이 뒤의 말을 수식하는 합성어이다. 즉 뒤에 오는 '해', '집', '가다', '놀다' 등의 어근이 중심 의미를 갖고, 앞에 결합하는 '새', '큰', '들어', '뛰' 등의 어근이 이를 수식하는 종속적인 관계이다. 따라서 이와 같은 합성어들은 모두 종속 합성의 예가 된다.

더 알아보기: 통사적 합성과 비통사적 합성

합성(合成, compound)은 정상적인 한국어의 배열을 따라 이루어지기도 하지만, 이에 어긋나는 경우도 있다. 전자의 합성을 통사적 합성(統辭的合成)이라고 하고, 후자의 합성을 비통사적 합성(非統辭的合成)이라고 한다. 예컨대 '밤낮'이나 '새해'와 같은 단어들은 명사와 명사, 관형사와 명사의 어근끼리 결합한 합성어이다. 이때 '명사 + 명사'나 '관형사 + 명사'는 한국어의 일반적인 배열 방식으로 볼 수 있다. 따라서 이 경우 '통사적 합성'이 이루어진 것이다. 반면 '뛰놀다'의 경우 '동사 어간 + 동사'의 배열을 보이는데, 동사 어간이 어미와 결합하지 않고 바로 다른 동사 앞에 오는 것은 일반적인 한국어의 배열 방식에 어긋난다. 따라서 이 경우 '비통사적 합성'이 이루어진 것이다.

품사별 합성

합성은 만들어진 단어의 품사에 따라 '명사 합성', '동사 합성', '형용사 합성', '관형사 합성', '부사 합성' 등으로 분류된다. 다음은 명사 합성에 대한 예시이다.

(25) ㄱ. 명사 + 명사 = 밤-낮, 강-산, …

ㄴ. 용언의 명사형 + 명사 = 지름-길, 비빔-밥, …

ㄷ. 용언의 관형사형 + 명사 = 큰-집, 어린-이, …

ㄹ. 용언 어간 + 명사 = 덮-밥, 늦-잠, …

ㅁ. 관형사 + 명사 = 새-해, 헌-책, …

ㅂ. 부사 + 명사 = 곱슬-머리, 뾰족-구두, …

ㅅ. 부사 + 부사 = 잘-못

(25)와 같이 명사 합성에는 크게 일곱 가지의 종류가 있다. 우선 (25ㄱ)의 '밤낮', '강산'처럼 명사와 명사가 결합하여 명사의 합성어를 만드는 경우가 있다. 또한 (25ㄴ)의 '지름길', '비빔밥'과 같이 용언의 명사형과 명사가 결합하거나, (25ㄷ)의 '큰집', '어린이'와 같이 용언의 관형사형과 명사가 결합하기도 한다. 나아가 (25ㄹ)의 '덮밥', '늦잠'과 같이 용언 어간이 명사에 바로 결합할 때도 있다. 한편 (25ㅁ)의 '새해', '헌책'은 관형사가 명사에 결합한 것이고, (25ㅂ)의 '곱슬머리', '뾰족구두'는 부사가 명사에 결합한 것이다. 이처럼 명사 합성은 기본적으로 명사, 용언의 활용형, 용언 어간, 관형사, 부사 등이 명사 앞에 결합하는 방식으로 이루어진다. 다만 (25ㅅ)의 '잘못'은 서로 다른 부사끼리 결합한 예인데, 이 경우에도 명사의 합성어가 만들어진다는 점에서 특이한 예로 볼 수 있다. 다음은 동사 합성의 예시이다.

(26) ㄱ. 명사 + 동사 = 빛-나다, 힘-쓰다, …

ㄴ. 용언의 연결형 + 동사 = 들어-가다, 좋아-하다, …

ㄷ. 용언 어간 + 동사 = 뛰-놀다, 오-가다, …

ㄹ. 부사 + 동사 = 잘-하다, 못-하다, …

(26)과 같이 동사 합성에는 크게 네 가지의 종류가 있다. 우선 (26ㄱ)의 '빛나다', '힘쓰다'는 명사가 동사에 결합하는 예이다. 또한 (26ㄴ)의 '들어가다', '좋아하다'는 용언의 연결형에 동사가 결합한 것이며, (26ㄷ)의 '뛰놀다', '오가다'는 용언 어간이 동사에 바로 결합한 것이다. 한편 (26ㄹ)의 '잘하다', '못하다' 또한 동사 합성의 예인데, 이들은 부사가 동사에 결합한 경우이다. 다음은 형용사 합성의 예시이다.

(27) ㄱ. 명사 + 형용사 = 멋-있다, 배-부르다, …
　　　ㄴ. 용언의 연결형 + 동사 or 형용사 = 뛰어-나다,
　　　　　 하고-많다, …
　　　ㄷ. 용언 어간 + 형용사 = 검-붉다, 굳-세다, …
　　　ㄹ. 부사 + 동사 or 형용사 = 잘-생기다, 다시-없다, …

(27)의 예시처럼 형용사 합성에도 네 가지의 종류를 살필 수 있으며, 각각의 방식은 동사 합성과 거의 같다. 우선 (27ㄱ)의 '멋있다', '배부르다'는 명사와 형용사가 결합한 예이다. 또한 (27ㄴ)의 '뛰어나다', '하고많다'는 용언의 연결형이 동사 혹은 형용사와 결합한 것이고, (27ㄷ)의 '검붉다', '굳세다'는 용언 어간이 형용사와 결합한 것이다. 나아가 (27ㄹ)의 '잘생기다', '다시없다'는 부사가 동사나 형용사와 결합한 경우이다. 다음은 관형사 합성의 예시이다.

(28) 관형사 + 관형사 = 한-두, 두-세, …

(28)에서 알 수 있듯이 관형사 합성은 극히 드물다. 대표적인 예로는 '한두', '두세' 정도인데, 이들은 모두 수관형사끼리의 결합을 통해 관형사의 합성어를 만든 경우이다. 다음은 부사 합성의 예시이다.

(29) ㄱ. 명사 + 명사 = 어제-오늘, 일-일, …
　　ㄴ. 용언의 관형사형 + 명사 = 이른-바, 된-통, …
　　ㄷ. 관형사 + 명사 = 어느-새, 한-층, …
　　ㄹ. 부사 + 부사 = 곧-잘, 또-다시, …

(29)의 예시처럼 부사 합성에는 크게 네 가지의 종류를 살필 수 있다. 관형사 합성의 예가 드물었던 것과 달리 부사 합성은 그 종류가 비교적 다양하다. 우선 (29ㄱ)의 '어제오늘', '일일'은 명사와 명사가 결합한 것이다. 또한 (29ㄴ)의 '이른바', '된통'은 용언의 관형사형과 명사가 결합한 것이다. 나아가 (29ㄷ)의 '어느새', '한층'은 관형사와 명사가 결합한 경우이다. 부사 합성에서 특이한 점은 결합하는 어근 중에 정작 부사가 드물다는 점이다. (29ㄹ)의 '곧잘', '또다시'와 같이 서로 다른 부사가 결합하는 몇 가지 경우를 제외한다면, 부사 합성은 기본적으로 명사, 용언의 관형사형, 관형사 등이 명사와 결합하는 구조에서 이루어진다.

5.3. 파생

파생은 접사가 어근에 결합하여 단어를 형성하는 방법이다. 이때 접사가 어근에 결합하는 방식에 따라 '접두사 파생'과 '접미사 파생'으로 분류된다. 또한 파생에 의해 형성된 단어의 품사에 따라서도 몇 가지의 종류로 분류된다.

접두사 파생과 접미사 파생

파생(派生, derived)은 접사가 어근에 결합하여 단어를 형성하는 방법이다. 접사는 어근을 기준으로 앞에 오는 접두사(接頭辭, prefix)와 뒤에 오는 접미사(接尾辭, suffix)로 구분되는데, 이에 따라 접두사 파생(接頭辭派生)과 접미사 파생(接尾辭派生)으로 분류된다. 다음의 예시를 보자.

(30) ㄱ. 헛-수고, 헛-고생, 헛-소리 = 접두사 '헛-' + 어근
     ㄴ. 먹-이, 높-이, 길-이 = 어근 + 접미사 '-이'

(30ㄱ)에서 '헛수고', '헛고생', '헛소리' 등은 모두 접사 '헛-'이 명사인 어근에 결합하여 만들어진 파생어이다. 또한 '헛-'은 어근 앞에 위치하는 접두사이기 때문에, 이때의 파생을 접두사 파생이라고 부른다. 한편 (30ㄴ)에서 '먹이', '높이', '길이' 등은 모두 접사 '-이'가 용언의 어근에 결합하여 만들어진 파생어이

다. 또한 '-이'가 어근 뒤에 위치하는 접미사이기 때문에, 이는 접미사 파생의 예로 볼 수 있다.

> ### 더 알아보기: 영파생
>
> 파생(派生, derived) 중에는 아주 드물게 어근에 결합하는 접사의 모습이 나타나지 않는 경우도 있다. 가령 명사인 '신'과 동사인 '신다'의 경우를 볼 때, 명사 '신'에 동사 파생접사가 결합하여 '신다'가 되거나, 동사 어간 '신-'에 명사 파생접사가 결합하여 '신'이 되었을 것으로 보인다. 그럼에도 불구하고 '신'과 '신다'에는 모두 파생접사의 흔적이 나타나지 않는다. 이처럼 파생이 되었을 것으로 보이는 관계임에도 불구하고 접사의 흔적이 나타나지 않는 경우, 형태가 없는 접사인 영접사(零接辭)에 의해 파생된 것으로 보고, 이를 영파생(零派生, zero-modification)이라 부른다.

품사별 파생

파생은 만들어진 단어의 품사에 따라 '명사 파생', '동사 파생', '형용사 파생', '관형사 파생', '부사 파생' 등으로 분류된다. 다음은 명사 파생에 대한 예시이다.

(31) ㄱ. 헛-수고, 개-고생, 맨-손, 풋-사과, …
    ㄴ. 먹-이, 울-보, 장사-꾼, 장난-꾸러기, …

(31ㄱ)에서 '헛수고', '개고생', '맨손', '풋사과' 등은 '헛-', '개
-', '맨-', '풋-' 등의 접두사가 명사 어근에 결합하여 만들어진 파
생어이다. 한편 (31ㄴ)에서 '먹이', '울보', '장사꾼', '장난꾸러기'
등은 '-이', '-보', '-꾼', '-꾸러기' 등의 접미사가 용언 어간 혹은
명사 어근에 결합하여 만들어진 파생어이다. 이때 (31ㄱ)과 (31
ㄴ)의 예들은 모두 명사이므로, 이는 명사 파생의 예시가 된다.
만약 이를 조금 더 세부적으로 구분한다면, (31ㄱ)은 접두사에 의
한 명사 파생이고, (31ㄴ)은 접미사에 의한 명사 파생으로 볼 수
있다. 명사 파생의 접두사에는 이 밖에도 '덧-', '참-', '수/수ㅎ-',
'암/암ㅎ-' 등이 있으며, 명사 파생의 접미사에는 '-기', '-음', '-
개', '-질' 등이 더 있다. 다음은 동사 파생에 대한 예시이다.

(32) ㄱ. 헛-살다, 짓-밟다, 맞-서다, 덧-붙이다, …
     ㄴ. 말-하(다), 말씀-드리(다), 떨어-트리(다),
        까불-거리(다), …

(32ㄱ)에서 '헛살다', '짓밟다', '맞서다', '덧붙이다' 등은 '헛-',
'짓-', '맞-', '덧-' 등의 접두사가 용언 어간에 결합한 동사 파생
의 예이다. 또한 이들 모두 접두사가 파생되었다는 점에서 접두
사에 의한 동사 파생이다. 한편 (32ㄴ)에서 '말하다', '말씀드리
다', '떨어트리다', '까불거리다' 등은 '-하', '-드리', '-트리', '-거
리' 등의 접미사가 용언 어간 혹은 명사 어근에 결합한 동사 파

생의 예이다. 또한 이들 모두 접미사가 파생되었기 때문에 접미사에 의한 동사 파생이다. 동사 파생의 접두사에는 이 밖에도 '설-', '겉-', '늦-', '빗-' 등이 있으며, 동사 파생의 접미사에는 '-히', '-기', '-대', '-시키', '-으키' 등이 더 있다. 다음은 형용사 파생에 대한 예시이다.

(33) ㄱ. 새-파랗다, 얄-밉다, …
ㄴ. 건강-하(다), 사랑-스럽(다), …

(33ㄱ)에서 '새파랗다', '얄밉다' 등은 접두사 '새-', '얄-'이 각각 '파랗다', '밉다'라는 형용사 어근에 결합한 파생어이다. (33ㄱ)의 단어가 모두 형용사라는 점에서 이때의 파생은 형용사 파생이며, 그중에서도 접두사에 의한 형용사 파생이다. 한편 (33ㄴ)의 '건강하다', '사랑스럽다' 등도 파생에 의해 형성된 단어이다. 이 경우 접미사 '-하', '-스럽'이 각각 '건강', '사랑'이라는 명사 어근에 결합한 파생어이다. 따라서 이때의 파생 역시 형용사 파생이며, 그중에서도 접미사에 의한 형용사 파생이다. 형용사 파생의 접두사에는 이 밖에도 '드-', '엇-' 등이 있으며, 형용사 파생의 접미사로는 '-되', '-지', '-나', '-맞' 등이 더 있다. 앞서 명사 파생과 동사 파생의 경우 다양한 접두사와 파생어가 있었던 것과 달리 형용사 파생의 접두사는 그 수가 많지 않다. 다음은 관형사 파생의 예시이다.

(34) 이-까짓, 비교-적, …

(34)의 '이까짓', '비교적' 등은 접미사에 의한 관형사 파생의 예이다. 관형사 파생의 경우 접두사에 의한 파생의 예가 존재하지 않는다. 또한 접미사에 의한 파생 역시 '-까짓', '-적'에 의한 경우만이 전부이다. 접미사 '-까짓'은 '이', '그', '저' 등의 지시대명사와 결합하여 관형사를 만들고, 접미사 '-적'은 '비교', '심리', '과학' 등의 명사에 결합하여 관형사를 만든다. 다음은 부사 파생의 예시이다.

(35) ㄱ. 연-거푸, 외-따로
     ㄴ. 많-이, 조금-씩, 지금-껏, 조용-히, …

(35ㄱ)에서 '연거푸', '외따로'는 접두사 '연-', '외-'가 각각 '거푸', '따로'에 결합하여 부사의 파생어를 형성한 경우이다. 한국어에서 접두사에 의한 부사 파생의 예는 이 둘이 전부이다. 한편 (35ㄴ)에서 '많이', '조금씩', '지금껏', '조용히' 등은 '-이', '-씩', '-껏', '-히' 등의 접미사가 어근에 결합하여 부사의 단어를 형성한 경우이다. 따라서 이들은 접미사에 의한 부사 파생의 예로 볼 수 있다. 부사 파생의 접미사에는 '-적'도 있는데, 앞서 '-적'이 관형사 파생의 접미사였다는 점을 고려할 때, '-적'에 의한 파생어는 관형사와 부사의 품사를 모두 갖게 된다는 점을 알 수 있다.

마무리하기

· 단어 형성(單語形成, formation of word)은 말 그대로 단어가 만들 어지는 과정을 의미한다.

· 단어란 '의미와 형태의 복합체'이기 때문에, 단어가 만들어지기 위 해서는 의미와 형태의 형성 과정이 필요하다.

· 단어 형성에는 합성(合成, compound)과 파생(派生, derived)이 대표 적이지만, 이 외에도 축약(縮約, abbreviation), 혼성(混成, blend), 두 자어(頭字語, acronym) 등이 더 있다.

· 축약은 둘 이상의 글자를 하나로 줄여 새로운 단어를 만드는 방법 이다.

· 혼성은 서로 다른 두 단어의 일부분을 결합하여 새로운 단어를 만드 는 방법이다.

· 두자어는 합성어에서 각 어근의 첫 글자를 따서 만든 단어이다.

· 합성은 결합하는 두 어근의 관계가 대등한 대등 합성(對等合成) 과 두 어근의 관계가 종속적인 종속 합성(從屬合成)으로 분류 된다.

· 합성은 만들어진 단어의 품사에 따라 '명사 합성', '동사 합성', '형 용사 합성', '관형사 합성', '부사 합성' 등으로 분류된다.

· 파생은 어근에 결합하는 접사의 종류에 따라 접두사 파생(接頭辭派生)과 접미사 파생(接尾辭派生)으로 분류된다.

· 파생은 만들어진 단어의 품사에 따라 '명사 파생', '동사 파생', '형용사 파생', '관형사 파생', '부사 파생' 등으로 분류된다.

제6장 품사

6.1. 품사의 이해

품사는 단어와 관련하여 가장 중요한 개념이다. 여기에서는 품사란 무엇이며, 한국어에서 품사를 분류하는 기준은 무엇이고, 한국어의 품사에는 어떤 종류가 있는지를 살펴보자.

품사

품사(品詞, word class)란 단어를 문법적인 성질의 공통성에 따라 나눈 부류이다. 품사로 단어를 분류하는 것은 전 세계적으로 공통된 방식이다. 이러한 분류 방식이 필요한 이유는 수많은 단어를 보다 효율적으로 이해하기 위해서이다. 가령 한국어의 경우만 하여도 단어가 수십만 가지에 달하는데, 이처럼 수많은 단어를 모두 이해하는 것은 사실상 불가능하다. 따라서 단어를 일정한 기준에 따라 분류할 필요가 생긴 것이며, 그 대표적인 방식이 바로 품사이다.

품사 분류

품사의 분류에는 일정한 기준이 있다. 특히 한국어에서는 품사 분류의 기준으로 형태(形態, form), 기능(機能, function), 의미(意味, meaning)의 세 가지를 든다. 우선 형태는 단어의 형태적 특징을 말한다. 단어의 형태적 특징이라는 것은 곧 단어가 상황에 따라 변하는지 혹은 변하지 않는지를 따지는 일이다. 한국어는 이러한 형태의 기준에 따라 형태가 변하지 않는 불변어(不變語, uninflected word)와 형태가 변하는 가변어(可變語, inflected word)로 나뉜다. 다음의 예시를 보자.

(36) ㄱ. 나무에 물을 주다.
ㄴ. 나무에 물을 주고,
ㄷ. 나무에 물을 주었다.

(36)의 예시에서 '나무', '물', '에', '을' 등은 모두 형태가 변하지 않는다. 반면 (36ㄱ)의 '주다'는 어간 '주-'가 어미 '-고', '-었-'과 결합하면서 (36ㄴ)의 '주고', (36ㄷ)의 '주었다'로 형태를 바꾼다. 물론 '나무'가 '에'와 결합하여 '나무에'로 형태를 바꾸고, '물'이 '을'과 결합하여 '물을'로 형태를 바꾼다고 볼 수도 있을 것이다. 하지만 이들은 '나무', '에', '물', '을'이 모두 하나의 단어라는 점에서 형태 변화의 예로 보기 어렵다. 이처럼 '나무', '물', '에', '을' 등과 같이 형태가 변하지 않는 말을 불변어라고 하고, '주다'와 같이 상황에 따라 형태가 변하는 말을 가변어라고 한다.

한편 기능은 문장에서 단어가 갖는 역할을 말한다. 한국어의 경우 이러한 기능의 기준에 따라 문장에서 주어로 쓰이는 체언(體言), 문장에서 서술어로 쓰이는 용언(用言), 뒤에 오는 단어를 꾸며 주는 수식언(修飾言), 다른 단어와의 문법적 관계를 표시하는 관계언(關係言), 문장에서 홀로 쓰이는 독립언(獨立言) 등의 다섯 가지로 단어를 분류한다. 다음의 예시를 보자.

(37) 아, 날씨가 참 좋다.

(37)의 '날씨'는 문장에서 주어로 쓰이는 체언이다. 또한 '좋다'는 문장에서 서술어로 쓰이는 용언이다. 더불어 '참'은 뒤에 있는 '좋다'를 강조한다. 이처럼 뒤에 오는 단어를 꾸며 주는 말은 수식언이다. 그리고 '가'는 체언인 '날씨'가 문장에서 주어의 역할을 하고 있음을 표시한다. 따라서 이때의 '가'는 관계언이다. 마지막으로 '아'의 경우 다른 단어들과 특별한 관계를 갖지 않은 채, 문장에서 홀로 쓰인다. 이러한 단어를 독립언이라고 한다.

한편 품사 분류에서의 의미는 단어의 개별적인 의미(sense)가 아닌 품사의 부류가 갖는 의미(meaning)를 말한다. 예컨대 어떠한 단어가 명사에 해당된다고 한다면, 그 이유는 해당 단어가 사물의 이름을 나타내는 말이기 때문일 것이다. 이때 '사물의 이름을 나타내는 말'이라는 명사의 조건이 품사 분류에서 말하는 의미이다. 한국어에서는 이러한 의미의 기준에 따라 명사(名詞, noun), 대명사(代名詞, pronoun), 수사(數詞, numeral), 동사(動詞, verb), 형용사(形

容詞, adjective), 관형사(冠形詞, determiner), 부사(副詞, adverb), 감탄사(感歎詞, interjection), 조사(助詞, postposition) 등의 아홉 가지로 단어를 분류한다. 다음의 예시를 보자.

(38) ㄱ. 하늘, 땅, 공부, 노래, …
　　 ㄴ. 이, 그, 저, …
　　 ㄷ. 하나, 둘, 셋, …
　　 ㄹ. 먹다, 마시다, …
　　 ㅁ. 좋다, 나쁘다, …
　　 ㅂ. 새, 헌, …
　　 ㅅ. 아주, 매우, …
　　 ㅇ. 정말, 진짜, …
　　 ㅈ. 이/가, 을/를, …

(38ㄱ)에서 '하늘', '땅', '공부', '노래' 등과 같이 사물의 이름을 나타내는 말은 명사이다. 또한 (38ㄴ)의 '이', '그', '저' 등과 같이 사물의 이름을 대신하는 말은 대명사, (38ㄷ)의 '하나', '둘', '셋' 등과 같이 사물의 수를 나타내는 말은 수사이다. 그리고 (38ㄹ)의 '먹다', '마시다' 등과 같이 사물의 동작을 나타내는 말은 동사, (38ㅁ)의 '좋다', '나쁘다' 등과 같이 사물의 상태를 나타내는 말은 형용사이다. 한편 (38ㅂ)의 '새', '헌' 등은 체언을 꾸며주는 말이며, (38ㅅ)의 '아주', '매우' 등은 용언을 꾸며주는 말이다. 한국어에서는 이들을 각각 관형사와 부사로 분

류한다. 나아가 (38ㅇ)의 '정말', '진짜' 등과 같이 놀람을 나타
내는 말은 감탄사이며, (38ㅈ)의 '이/가', '을/를' 등과 같이 체언
의 문법적 관계를 표시하는 말은 조사이다.

　이처럼 한국어의 단어는 형태, 기능, 의미의 세 가지 기준에
의해 총 아홉 가지의 품사로 분류된다. 이러한 한국어의 품사
분류 체계를 간단하게 정리하면 다음과 같다.

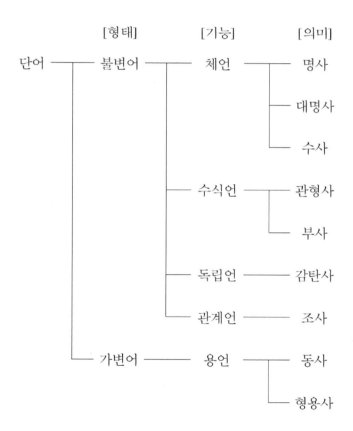

더 알아보기: 품사 통용

한국어의 단어는 형태(形態, form), 기능(機能, function), 의미(意味, meaning)의 기준에 의해 총 아홉 가지 품사(品詞, word class)로 분류되지만, 반드시 하나의 단어가 하나의 품사를 갖게 되는 것은 아니다. 다음의 예시를 보자.

    a. 노력한 <u>만큼</u> 얻는다.
    b. 당신<u>만큼</u> 노력했다.

a의 '만큼'은 앞의 말에 대한 정도를 나타내는 의존명사에 해당한다. 반면 b의 '만큼'은 '당신'이라는 체언 뒤에 붙기 때문에 조사로 봐야 한다. 결과적으로 '만큼'이라는 단어는 명사이면서 동시에 조사인 것이다. 이러한 현상은 품사 분류가 완전하지 않기 때문에 나타나기도 하며, 간혹 단어가 문법적인 변화의 과정에서 품사를 바꾸기 때문에 나타나기도 한다. 결국 경우에 따라 하나의 단어에는 둘 이상의 품사가 포함될 수 있는 것이다. 이러한 현상을 바로 품사 통용(品詞通用, multicategory of word class)이라고 한다.

6.2. 명사

명사는 사물의 이름을 나타내는 말이다. 명사는 다시 '보통명사'와 '고유명사', '유정명사'와 '무정명사', '자립명사'와 '의존명사'로 분류된다.

보통명사와 고유명사

명사는 사물을 나타내는 방법에 따라 보통명사(普通名詞, common noun)와 고유명사(固有名詞, proper noun)로 분류된다. 보통명사는 같은 종류의 사물들을 두루 가리키는 명사를 말하며, 고유명사는 같은 종류의 사물들 중에서도 어떠한 하나의 사물을 다른 것들과 구별하여 부르기 위해 특별한 이름을 붙여 가리키는 명사이다. 다음의 예시를 보자.

(39) ㄱ. 사람 : 지효, 태형, 나연, 윤기, …
　　　ㄴ. 나무 : 사과나무, 소나무, 단풍나무, 은행나무, …

(39ㄱ)의 '사람'은 '지효', '태형', '나연', '윤기' 등의 여러 대상을 두루 가리키는 명사이다. 마찬가지로 (39ㄴ)의 '나무'는 '사과나무', '소나무', '단풍나무', '은행나무' 등의 여러 종류를 모두 포함하는 명사이다. 이처럼 같은 종류의 사물들을 두루 가리키는 명사를 보통명사라고 한다. 반면 '사람'과 '나무'에 해당하는 각각의 명사들은 특정한 대상만을 가리킨다. 예컨대 '지효'는 '지효라는 이름을 가진 사람'만을 가리키고, '사과나무'는 '사과가 열리는 나무'만을 가리킨다. 이처럼 특정한 대상을 가리키며, 다른 대상들과 구별하여 사용되는 명사를 고유명사라고 한다.

유정명사와 무정명사

명사는 유정명사(有情名詞, animate noun)와 무정명사(無情名詞, inanimate noun)로도 분류된다. 유정명사는 사람 혹은 동물과 같이 감정을 표현할 수 있는 대상을 가리키는 명사이며, 무정명사는 식물이나 일반적인 사물과 같이 감정을 표현할 수 없는 대상을 가리키는 명사이다. 다음의 예시를 보자.

(40) ㄱ. 지효, 태형, 강아지, 고양이, …
　　　ㄴ. 책상, 의자, 나무, 꽃, …

(40ㄱ)에서 '지효', '태형'은 사람의 이름이다. 사람은 감정을 표현할 수 있는 대상이기 때문에 유정명사이다. 마찬가지로 (40ㄱ)의 '강아지', '고양이' 등의 동물들도 감정을 느낄 수 있다고 보고 유정명사로 취급한다. 반면 (40ㄴ)의 '책상', '의자' 등의 사물은 감정을 느끼지 못하는 대상이다. 더불어 (40ㄴ)의 '나무', '꽃'과 같은 식물 역시 감정을 느낄 수 없는 대상으로 본다. 따라서 이와 같은 명사들은 모두 무정명사이다.

유정명사와 무정명사를 쉽게 구분하는 방법은 장소, 위치, 시간 등을 나타내는 부사격조사 '에게'와 '에'를 결합하여 보는 것이다. '에게'가 결합되면 유정명사이고, '에'가 결합되면 무정명사이다. 다음의 예시를 보자.

(41) ㄱ. 내가 지효<u>에게</u> 갔다. (o) / 내가 지효<u>에</u> 갔다. (x)

　　　ㄴ. 내가 의자<u>에게</u> 앉았다. (x) / 내가 의자<u>에</u> 앉았다. (o)

(41ㄱ)처럼 '지효'라는 유정명사 뒤에는 부사격조사 '에게'가 결합하고, (41ㄴ)처럼 '의자'라는 무정명사 뒤에는 부사격조사 '에'가 결합한다. 만약 유정명사 뒤에 '에'가 결합하거나 무정명사 뒤에 '에게'가 결합하면 문법적으로 틀린 표현이 되어 버린다.

자립명사와 의존명사

명사에는 문장에서 다른 말의 도움 없이 홀로 쓰일 수 있는 자립명사(自立名詞, free noun)와 다른 말의 도움이 있어야만 쓰일 수 있는 의존명사(依存名詞, bound noun)가 있다. 다음의 예시를 보자.

(42) ㄱ. 나는 어제 맛있는 <u>사과</u>를 먹었다. (o) / 나는 어제 <u>사과</u>를 먹었다. (o)

　　　ㄴ. 나는 어제 맛있는 <u>것</u>을 먹었다. (o) / 나는 어제 <u>것</u>을 먹었다. (x)

(42ㄱ)의 '맛있는'은 뒤에 있는 '사과'를, (42ㄴ)의 '맛있는'은 뒤에 있는 '것'을 꾸며 준다. 만약 (42ㄱ)의 '나는 어제 맛있는 사과를 먹었다.'라는 문장에서 '맛있는'을 뺄 경우, '나는 어제

사과를 먹었다.'라는 문장이 된다. 물론 이러한 문장 구성은 전혀 문제가 되지 않는다. 다만 (42ㄴ)의 '나는 어제 맛있는 것을 먹었다.'라는 문장에서 '맛있는'을 뺄 경우 '나는 어제 것을 먹었다.'라는 문장이 만들어지는데, 이러한 문장은 가능하지 않다. 왜냐하면 '것'은 항상 앞에 '맛있는'과 같이 꾸며 주는 말이 존재할 때만 사용할 수 있기 때문이다. 이때 '사과'와 같이 다른 말의 꾸밈 없이도 문장에서 홀로 쓰일 수 있는 명사를 자립명사라고 하고, '것'과 같이 다른 말의 꾸밈이 없으면 문장에서 홀로 쓰일 수 없는 명사를 의존명사라고 한다.

6.3. 대명사

대명사는 사물의 이름을 대신하는 말이다. 대명사는 다시 '인칭대명사', '지시대명사'로 분류된다.

인칭대명사

대명사 중에서 사람을 대신하는 대명사를 인칭대명사(人稱代名詞, personal pronoun)라고 한다. 다음의 예시를 보자.

(43) <u>윤기</u>는 사과를 먹었다.

(43)에서 '윤기'는 특정한 사람을 가리키는 명사이다. 만약 이 문장에서 '윤기'를 대신하는 말을 사용하려고 한다면, '윤기'가 화자인지, 청자인지, 제3자인지에 따라서 다음과 같이 총 세 가지의 대명사가 올 수 있다.

(44) ㄱ. 나는 사과를 먹었다.
　　 ㄴ. 너는 사과를 먹었다.
　　 ㄷ. 그는 사과를 먹었다.

만약 '윤기'가 화자 자신이라면, (44ㄱ)과 같이 대명사 '나'가 사용된다. 만약 '윤기'가 청자였다면, (44ㄴ)처럼 대명사 '너'가 사용되고, 제3자였다면, (44ㄷ)처럼 대명사 '그'가 사용된다. 이때 '나'와 같이 화자 자신을 대신하는 대명사를 1인칭 대명사라고 하며, '너'와 '그'처럼 청자를 대신하거나 제3자를 대신하는 대명사를 각각 2인칭 대명사와 3인칭 대명사라고 부른다. 1인칭 대명사에는 '나', '저', '우리', '저희' 등이 있고, 2인칭 대명사에는 '너', '너희', '당신' 등이 있으며, 3인칭 대명사에는 '이', '그', '저' 등이 있다.

지시대명사
대명사는 인칭대명사와 같이 사람을 대신할 뿐만 아니라 일반적인 사물이나 장소를 대신할 때에도 사용된다. 이때 사물 혹은 장소를 대신하는 대명사를 지시대명사(指示代名詞, demonstrative pronoun)라고 한다. 다음의 예시를 보자.

(45) ㄱ. 나연아, <u>연필</u> 좀 빌려줘.
ㄴ. 나연아, <u>이것</u> 좀 빌려줘.

(45ㄱ)의 '연필'은 특정한 사물을 지칭하는 명사이다. 만약 이 문장에서 '연필'이라는 명사를 대신하는 말을 사용한다면, (45ㄴ)처럼 대명사 '이것'이 사용된다. 이때의 '이것'은 '연필'과 같은 사물을 대신하는 지시대명사이다. 이처럼 사물을 대신하는 지시대명사에는 '이것', '그것', '저것' 등이 있는데, 이들은 화자와 사물과의 거리에 따라 조금씩 다르게 사용된다. 예컨대 (45ㄴ)의 '이것'은 화자와 사물과의 거리가 가까울 때 사용하는 지시대명사이다. 반면 '그것'은 청자와 사물과의 거리가 가까울 때에 사용된다. 또한 '저것'은 화자와 사물과의 거리가 멀리 있을 때 사용된다. 이러한 지시대명사는 사물만이 아니라 장소를 대신할 때도 사용된다. 다음의 예시를 보자.

(46) ㄱ. 나연아, <u>학교</u>로 와줘.
ㄴ. 나연아, <u>여기</u>로 와줘.

(46ㄱ)의 '학교'는 특정한 장소를 가리키는 명사이다. 만약 이 문장에서 '학교'라는 명사를 대신하는 말을 사용한다면, (46ㄴ) 처럼 대명사 '여기'가 사용된다. 이때의 '여기'는 '학교'와 같은 장소를 대신하는 지시대명사이다. 이처럼 장소를 대신하는 지시 대명사에는 '여기', '거기', '저기' 등이 있는데, 이 역시 앞서 사 물을 대신하는 지시대명사의 분류처럼 화자와 장소 사이의 거 리에 따라 서로 바꿔 사용된다. 예컨대 (46ㄴ)의 '여기'는 화자 가 그 장소에 있을 때 사용하는 지시대명사이다. 반면 '거기'는 청자가 해당 장소에 위치할 때 사용된다. 또한 '저기'는 화자가 해당 장소에서 멀리 있을 때 사용된다.

6.4. 수사

수사는 사물의 수를 나타내는 말이다. 수사는 다시 '양수사' 와 '서수사'로 분류된다.

양수사

사물의 수라는 것은 수량을 의미하기도 하고, 순서를 의미하 기도 한다. 이 중 사물의 수량을 나타내는 수사를 양수사(量數 詞, cardinal numerals)라고 한다. 다음의 예시를 보자.

(47) ㄱ. 하나, 둘, 셋, 넷, …

ㄴ. 일, 이, 삼, 사, …

(47ㄱ)의 '하나', '둘', '셋', '넷' 등과 같이 사물의 수량을 나타
내는 말을 양수사라고 한다. 물론 (47ㄴ)의 '일', '이', '삼', '사' 등
도 모두 사물의 수량을 나타내는 말이기 때문에 양수사에 해당한
다. 다만 '하나', '둘', '셋', '넷' 등은 고유어(固有語) 계열의 양수
사이고, '일', '이', '삼', '사' 등은 한자어(漢字語) 계열의 양수사라
는 점에서 차이가 있다.

서수사

수사 중에서 사물의 순서를 나타내는 수사를 서수사(序數詞, ordinal
numerals)라고 한다. 다음의 예시를 보자.

(48) ㄱ. 첫째, 둘째, 셋째, 넷째, …

ㄴ. 제일, 제이, 제삼, 제사, …

(48ㄱ)의 '첫째', '둘째', '셋째', '넷째', (48ㄴ)의 '제일', '제
이', '제삼', '제사' 등과 같이 사물의 순서를 나타내는 말을 서
수사라고 한다. 양수사와 마찬가지로 서수사 역시 고유어 계열
과 한자어 계열로 구분할 수 있다. (48ㄱ)의 '첫째', '둘째', '셋

째', '넷째' 등은 고유어 계열의 서수사이고, (48ㄴ)의 '제일', '제이', '제삼', '제사' 등은 한자어 계열의 서수사이다.

6.5. 동사

동사는 사물의 동작을 나타내는 말이다. 동사는 다시 '자동사'와 '타동사' 그리고 '보조동사'로 분류된다.

자동사와 타동사

동사는 사물의 동작이 미치는 범위에 따라서 자동사(自動詞, intransitive verb)와 타동사(他動詞, transitive verb)로 구분된다. 우선 자동사는 사물의 동작이 주어에만 영향을 미치는 동사이다. 다음의 예시를 보자.

(49) ㄱ. 나는 의자에 <u>앉았다</u>. (o)

ㄴ. 나는 <u>앉았다</u>. (o)

(49)에서 '앉았다'의 기본형은 '앉다'이며, '나'의 동작을 나타내는 동사이다. 그런데 여기서 '앉다'는 그 동작이 주어에만 영향을 미친다. 즉 (49ㄱ)의 '나는 의자에 앉았다.'라는 문장에서 '앉다'가 영향을 미치는 범위는 오직 주어인 '나는'인 것이다.

따라서 이 문장에서 '의자에'라는 부사어가 반드시 필요한 것은 아니다. 결국 (49ㄴ)과 같이 '의자에'를 생략한 '나는 앉았다.'의 구성만으로도 하나의 문장이 될 수가 있다. 이때 '앉다'와 같이 사물의 동작이 오직 주어에만 영향을 미치는 동사를 자동사라고 한다. 자동사의 대표적인 예로는 '앉다', '서다', '웃다', '울다' 등이 있다.

한편 타동사는 사물의 동작이 목적어에도 영향을 미치는 동사이다. 다음의 예시를 보자.

(50) ㄱ. 나는 사과를 <u>먹었다</u>. (o)
ㄴ. 나는 <u>먹었다</u>. (x)

(50)에서 '먹었다'의 기본형은 '먹다'이며, '나'의 동작을 나타내는 동사이다. 그런데 여기서 '먹다'는 그 동작이 주어뿐만 아니라 목적어에도 영향을 미친다. 즉 (50ㄱ)의 '나는 사과를 먹었다.'라는 문장에서 '먹다'는 그 행위를 하는 '나는'과 그 행위의 대상인 '사과를'의 문장 성분을 모두 필요로 한다. 결국 (50ㄴ)과 같이 목적어 '사과를'이 생략된 '나는 먹었다.'의 구성만으로는 올바른 문장이 될 수 없다. 왜냐하면 '먹다'라는 동사에 대한 대상, 즉 목적어를 알 수가 없기 때문이다. 이때 '먹다'와 같이 사물의 동작이 목적어에까지 영향을 미치는 동사를 타동사하고 한다. 타동사의 대표적인 예로는 '먹다', '보다', '부르다' 등이 있다.

보조동사

동사는 문장에서 기본적으로 서술어의 기능을 한다. 다만 동사 가운데에는 홀로 서술어의 기능을 할 수 없는 동사도 있다. 이러한 동사를 보조동사(補助動詞, auxiliary verb)라고 한다. 이와 반대로 문장에서 홀로 서술어의 기능을 하는 동사는 본동사(本動詞)이다. 그리고 보조동사는 본용언(本用言)에 문법적인 의미를 더한다. 다음의 예시를 보자.

(51) ㄱ. 지효는 축구를 <u>하지</u> <u>않았다</u>. (o)
　　　ㄴ. 축구를 <u>하다</u>. (o)
　　　ㄷ. 축구를 <u>않다</u>. (x)

(51ㄱ)에서 나타나는 동사는 '하다', '않다'의 두 가지이다. '하다'는 '행동이나 작용을 이루다'라는 어휘적인 의미를 갖는다. 반면 '않다'는 어휘적인 의미를 갖지 않으며, '하다'에 대한 부정의 문법적인 의미를 더한다. 결국 어휘적인 의미를 갖는 '하다'는 (51ㄴ)의 '축구를 하다.'와 같은 문장처럼 홀로 쓰일 수 있는 반면, 문법적인 의미를 더하는 '않다'는 (51ㄷ)의 '축구를 않다.'가 올바른 문장이 될 수 없듯이 문장에서 홀로 쓰일 수 없다. 이때 '않다'와 같이 홀로 서술어의 기능을 할 수 없으며, 앞에 오는 본용언에 문법적인 의미를 더하는 동사가 바로 보조동사이다.

보조동사 중에는 본동사와 형태가 같은 것들도 있다. 따라서 본동사와 보조동사를 구분하기 위해서는 서술어에서 어휘적인 의미를 갖는 부분과 문법적인 의미를 갖는 부분을 구별할 수 있어야 한다. 다음의 예시를 보자.

(52) ㄱ. 지효가 쓰레기를 <u>버렸다</u>.
　　　ㄴ. 지효가 사과를 먹어 <u>버렸다</u>.

(52ㄱ)에서 '버리다'는 '물건을 내던지거나 쏟는 행위'를 뜻하는 동사이다. 이때의 '버리다'는 어휘적인 의미를 갖고, 문장에서 홀로 서술어의 기능을 하고 있기 때문에 본동사이다. 하지만 (52ㄴ)에서 '버리다'는 어휘적 의미를 갖는 것이 아니다. 이때의 '버리다'는 그저 '먹다'에 대한 행동이 끝났음을 나타내는 문법적인 의미만 더한다. 결국 '먹다' 뒤에 오는 '버리다'는 보조동사가 된다. 이처럼 같은 형태의 동사임에도 불구하고 서술어의 위치에서 어떻게 사용되느냐에 따라 본동사가 될 수도 있고 보조동사가 될 수도 있다.

6.6. 형용사

형용사는 사물의 상태를 나타내는 말이다. 형용사는 다시 '성상형용사', '지시형용사', '보조형용사'로 분류된다.

성상형용사

형용사 중에는 사람이나 사물의 성질을 나타내는 것이 있는데, 이러한 형용사를 성상형용사(性狀形容詞, adjective)라고 한다. 다음의 예시를 보자.

(53) ㄱ. 날씨가 <u>좋다</u>.
ㄴ. 태형이는 <u>착하다</u>.

(53ㄱ)에서 '좋다'는 '날씨'에 대한 상태를 나타내고 있기 때문에 형용사이다. 마찬가지로 (53ㄴ)의 문장에서 '착하다'는 '태형이'가 갖는 성질을 나타내는 말이므로 형용사이다. 이처럼 사물이나 사람의 상태 혹은 성질을 나타내는 형용사를 성상형용사라고 한다. 이러한 성상형용사에는 '좋다', '착하다' 외에도 상태를 나타내는 형용사인 '높다', '낮다', '크다', '작다' 등과 성질을 나타내는 형용사인 '빠르다', '느리다' 등이 있다.

지시형용사

형용사는 사물의 상태나 성질을 지시하는 역할도 한다. 이때 사물의 상태나 성질을 지시하는 형용사를 지시형용사(指示形容詞, demonstrative adjective)라고 한다. 다음의 예시를 보자.

(54) 날씨가 <u>흐린데</u>, <u>이러한</u> 경우 우산을 챙겨야 한다.

(54)에서 '흐리다'는 '날씨'의 상태를 나타내는 성상형용사이다. 반면 문장에서 사용된 '이러한'의 경우 기본형이 '이렇다'인데, 이때 '이렇다'라는 말은 앞에 나온 '흐리다'를 가리키는 것이다. 다시 말해 위의 문장은 '날씨가 흐린데, 흐린 경우 우산을 챙겨야 한다.'와 같은 의미의 문장인 셈이다. 다만 위의 예문은 '흐리다'라는 형용사를 중복해서 사용하지 않고, '이렇다'라는 말을 대신 사용하여 그 의미를 가리키고 있는 것이다. 즉 이때의 '이렇다'는 '흐리다'라는 사물의 상태나 성질을 지시하고 있기 때문에 지시형용사이다. 이러한 지시형용사에는 '이렇다', '그렇다', '저렇다', '어떻다' 등이 있다.

보조형용사

형용사는 동사와 마찬가지로 문장에서 홀로 서술어의 기능을 할 수 없는 것들이 있다. 이러한 형용사를 보조형용사(補助形容詞, auxiliary adjective)라고 한다. 반면 문장에서 홀로 서술어의 기능을 하는 형용사는 본형용사(本形容詞)로 구분된다. 보조형용사는 본용언(本用言)에 문법적인 의미를 더한다. 다음의 예시를 보자.

(55) ㄱ. 나연이는 키가 <u>크고</u> <u>싶었다</u>. (o)

　　 ㄴ. 키가 <u>크다</u>. (o)

　　 ㄷ. 키가 <u>싶다</u>. (x)

　(55ㄱ)에서 '크다'는 '자라다'라는 의미의 형용사이고, '싶다'
는 앞 말에 대한 희망의 의미를 나타내는 형용사이다. 결국 '키
가 크고 싶다.'라는 문장은 '키가 크기를 바란다.'라는 문장과
같으며, 이때의 '싶다'는 '크다'에 문법적인 의미만을 더한다.
따라서 '크다'는 (55ㄴ)의 '키가 크다.'라는 문장과 같이 홀로
서술어의 기능을 할 수 있는 반면, '싶다'는 (55ㄷ)의 '키가 싶
다.'가 맞지 않는 문장인 것처럼 홀로 서술어가 될 수 없다. 이
때 '싶다'와 같이 홀로 서술어가 될 수 없고, 오직 본용언의 문
법적인 의미만 더하는 형용사가 바로 보조형용사이다.
　보조형용사 중에서는 보조동사와 같이 사용되는 것도 있다.
이 경우 앞에 오는 용언의 품사에 따라 결정된다. 다음의 예시를
보자.

(56) ㄱ. 너는 키가 참 크기도 <u>하다</u>.

　　 ㄴ. 너는 참 많이 먹기도 <u>한다</u>.

　(56)에서 공통적으로 나타나는 보조용언은 '하다'이다. 이때
(56ㄱ)의 '하다'는 본용언인 '크다'가 형용사이기 때문에 보조형

용사가 된다. 마찬가지로 (56ㄴ)의 '하다'는 본용언인 '먹다'가
동사이기 때문에 보조동사가 된다.

더 알아보기: 동사와 형용사의 구분

　동사와 형용사는 그 형태와 쓰임이 유사하여 자주 혼동된다. 하지
만 이 두 품사는 구체적인 쓰임에 차이가 있기 때문에, 이를 확실하
게 구별해야 한다. 동사와 형용사는 우선 결합하는 어미에 차이가
있다. 가령 동사에는 종결어미 '-구나' 앞에 반드시 선어말어미 '-는
-'이 와야 하는 반면, 형용사는 직접 결합이 가능하다. 또한 동사는
의문문을 만들 때 '-느냐'가 오는 반면, 형용사는 '-(으)냐'가 온다.
동사 '먹다'와 형용사 '크다'를 예로 들면, '먹다'의 경우는 '먹는구
나', '먹느냐'로 쓰이고, '크다'의 경우는 '크구나', '크냐'로 쓰인다.
한편 동사는 명령문과 청유문에 쓰일 수 있지만, 형용사는 그렇지
않다는 점에서도 차이가 있다. 예컨대 동사 '먹다'는 '먹어라', '먹
자'의 표현이 가능한 반면, 형용사 '크다'는 '커라', '크자'의 표현으
로 사용하기 어렵다.

6.7. 관형사

관형사는 체언의 앞에 오며, 체언을 꾸며 주는 말이다. 관
형사는 다시 '성상관형사', '지시관형사', '수관형사'로 분류
된다.

성상관형사

관형사가 체언을 꾸며 주는 방식은 다양하다. 그중에서도 가장 대표적인 방식은 체언의 성질이나 상태를 한정하는 것이다. 이러한 방식의 관형사를 성상관형사(性狀冠形詞, determiner)라고 한다. 다음의 예시를 보자.

(57) <u>새</u> 옷을 입다.

(57)에서 '새'는 뒤에 오는 '옷'을 꾸며 준다. 그 결과 '옷'은 '사용하거나 구입한 지 얼마 안 된'이라는 상태로 한정된다. 이처럼 체언을 꾸며 주는 말이 관형사인데, 특히 '새'처럼 체언의 성질이나 상태를 한정하는 관형사를 가리켜 성상관형사라고 한다. 이러한 성상관형사의 예로는 '새', '헌', '옛' 등이 있다.

한편 성상관형사를 포함한 모든 관형사는 다른 품사와 구별되는 몇 가지 특징이 있다. 우선 관형사에는 굴절접사인 조사나 어미가 결합하지 않는다. 또한 관형사는 체언을 꾸밀 때 항상 체언의 바로 앞에 위치한다. 다음의 예시를 보자.

(58) <u>새</u> 옷을 입다. (o) / 옷을 <u>새</u> 입다. (x)

(58)에서 알 수 있듯이 관형사 '새'가 명사 '옷'을 꾸며 주는 문장에서는 '새'가 반드시 '옷'의 바로 앞에 위치한다. 즉 관형

사는 항상 꾸밈을 받는 체언 앞에 위치하는 것이다. 굴절접사와 결합하지 않는 품사는 관형사 외에도 몇 가지가 더 있지만, 이처럼 체언의 바로 앞에만 위치할 수 있다는 어순 상의 제약은 다른 품사에서 찾기 힘든 관형사만의 특징이다.

지시관형사

관형사는 특정한 대상을 가리키는 방식으로도 체언을 꾸민다. 이러한 방식의 관형사를 지시관형사(指示冠形詞, demonstrative determiner)라고 한다. 다음의 예시를 보자.

(59) ㄱ. 이 의자에 앉아라.
ㄴ. 그 의자에 앉아라.
ㄷ. 저 의자에 앉아라.

(59)의 '이', '그', '저'는 모두 뒤에 오는 '의자'를 가리킨다. 이에 따라 문장에서의 '의자'는 어떤 특정한 의자로 한정된다. 이처럼 특정한 대상을 가리켜 그 대상을 한정하는 관형사를 지시관형사라고 한다. 지시대명사에서 '이것', '그것', '저것'을 구별했던 방법과 같이 지시관형사의 '이', '그', '저' 또한 화자와 대상 사이의 거리에 따라 구별하여 사용된다. 가령 (59ㄱ)의 지시관형사 '이'는 가리키는 대상이 화자와 가까울 때 사용한다. 또한 (59ㄴ)의 '그'는 가리키는 대상이 청자와 가까울 때 사용

하며, (59ㄷ)의 '저'는 화자와 청자 모두와 멀리 있는 대상을 가리킬 때 사용한다. 지시관형사의 예로는 '이', '그', '저', '이런', '그런', '저런' 등이 있다.

수관형사

관형사는 특정한 대상의 수를 한정하는 방식으로도 체언을 꾸민다. 이러한 방식의 관형사를 수관형사(數冠形詞, numeral determiner)라고 한다. 다음의 예시를 보자.

(60) <u>다섯</u> 사람이 모여 있다.

(60)의 '다섯'은 뒤에 오는 사람의 수를 한정한다. 이처럼 특정한 대상의 수량 혹은 순서를 한정하는 관형사가 바로 수관형사이다. 수관형사의 예로는 '한', '두', '세', '네', '다섯', '여섯' 등이 있는데, '한'부터 '네'까지는 확실하게 수관형사로 볼 수 있겠지만, '다섯', '여섯' 등의 경우 수사와 형태가 같기 때문에 구별에 주의가 필요하다. 다음의 예시를 보자.

(61) ㄱ. 사람 <u>다섯</u>이 모여 있다.
     ㄴ. <u>다섯</u> 사람이 모여 있다.

(61ㄱ)의 '다섯'은 수사이고, (61ㄴ)의 '다섯'은 수관형사이다.

이들을 구분하는 방법은 앞서 설명한 관형사의 특징과 관련된다. 관형사는 굴절접사인 조사나 어미가 결합할 수 없다. 따라서 '다섯이'의 '다섯'은 수관형사가 아닌 수사이다. 또한 관형사는 항상 체언 앞에 위치해야 하는데, '다섯이'의 '다섯'은 '사람' 뒤에 위치하고 있으므로 수사로 봐야 한다.

한편 수관형사에는 특정한 대상의 수를 정확하게 제시하는 경우도 있지만, 그 수를 추측되는 정도쯤으로 제시하는 경우도 있다. 다음의 예시를 보자.

(62) 여러 사람이 모여 있다.

(62)의 '여러'는 뒤에 오는 사람의 수를 한정한다. 다만 앞서 '다섯'이 사람의 수를 정확하게 다섯 명으로 한정했던 것과 달리, '여러'는 많은 것으로 추측되는 정도쯤으로 대상을 한정한다. 이와 비슷한 예로는 '모든', '몇' 등이 있는데, 이러한 단어들도 모두 수관형사에 포함된다.

6.8. 부사

부사는 용언, 관형사, 부사 등을 꾸며 주는 말이다. 부사는 다시 '성상부사', '지시부사', '부정부사', '문장부사', '접속부사'로 분류된다.

성상부사

부사는 꾸며 주는 단어의 범위가 넓은데, 이때 단어를 꾸며 주는 방식에 따라 종류가 나뉜다. 가장 대표적인 방식은 꾸밈을 받는 단어의 성질이나 상태를 한정하는 방식으로, 이러한 부사를 성상부사(性狀副詞, adverb)라고 한다. 다음의 예시를 보자.

(63) ㄱ. 사과가 <u>아주</u> 맛있다.
ㄴ. 꽃이 <u>아주</u> 예쁘다.
ㄷ. <u>아주</u> 새 옷을 입었다.
ㄹ. <u>아주</u> 빨리 달린다.

(63ㄱ), (63ㄴ)의 '아주'는 형용사인 '맛있다'와 '예쁘다'를, (63ㄷ)의 '아주'는 관형사인 '새'를, (63ㄹ)의 '아주'는 부사인 '빨리'를 꾸며 준다. 이에 따라 '맛있다', '예쁘다', '새', '빨리' 등은 모두 '대단하다'라는 의미의 성질 혹은 상태로 한정된다. 이처럼 꾸며 주는 단어의 성질이나 상태를 한정하는 부사가 바로 성상부사이다. 성상부사에는 '아주', '잘', '매우', '바로', '자주' 등이 있다.

한편 성상부사를 포함한 모든 부사는 관형사와 같이 수식언에 해당하지만, 관형사에 비해 문장에서 비교적 자유롭게 위치한다. 다음의 예시를 보자.

(64) ㄱ. 윤기는 태형이와 <u>자주</u> 만난다.

ㄴ. 윤기는 <u>자주</u> 태형이와 만난다.

(64)의 '자주'는 '만난다'라는 동사를 꾸며 준다. 그런데 (64
ㄱ)처럼 부사인 '자주'가 꾸밈을 받는 '만난다'의 바로 앞에 오
기도 하고, (64ㄴ)처럼 좀 더 앞에 나타나기도 한다. 관형사가
꾸며 주는 대상의 바로 앞에만 올 수 있었던 것과 달리, 부사는
어순 상의 위치에서 좀 더 자유로운 모습을 보인다.

지시부사

부사 가운데는 꾸밈을 받는 단어의 시간 혹은 방향
을 지시하는 경우도 있다. 이러한 부사를 지시부사(指
示副詞, demonstrative adverb)라고 한다. 다음의 예시
를 보자.

(65) <u>오늘</u> 할 일을 미루면 안 된다.

(65)의 '오늘'은 뒤에 오는 '하다'를 꾸며 주며, '하다'에 대한
특정한 시간을 지시하고 있다. 이처럼 꾸밈을 받는 단어의 시간을
지시하는 부사가 바로 지시부사이다. 시간을 지시하는 지시부사에
는 '오늘', '어제', '내일' 등이 있다. 한편 지시부사는 시간뿐만 아

니라 특정한 방향을 지시하기도 한다. 다음의 예시를 보자.

(66) ㄱ. <u>이리</u> 오다.
　　 ㄴ. <u>그리</u> 가다.
　　 ㄷ. <u>저리</u> 가다.

　(66)의 '이리', '그리', '저리'는 모두 동사인 '오다' 혹은 '가다'의 방향을 지시하는 지시부사이다. (66ㄱ)의 '이리'는 이동의 방향이 화자 쪽이고, (66ㄴ)의 '그리'는 이동의 방향이 청자 쪽이며, (66ㄷ)의 '저리'는 제3의 장소로 향하는 경우에 사용한다.

부정부사

　부사 가운데는 뒤에 오는 용언에 대해 부정의 의미를 더하는 방식으로 용언을 꾸며 주는 경우도 있다. 이러한 부사를 부정부사(否定副詞, negative adverb)라고 한다. 다음의 예시를 보자.

(67) ㄱ. 공부를 <u>안</u> 했다.
　　 ㄴ. 공부를 <u>못</u> 했다.

(67ㄱ)의 '안'과 (67ㄴ)의 '못'은 모두 뒤에 오는 동사 '하다'에 대한 부정의 의미를 담고 있다. 이처럼 뒤에 오는 용언을 부정하는 부사가 바로 부정부사이다. 부정부사에는 '안'과 '못'이 가장 대표적인데, '안'은 의지에 따른 부정을 뜻하고, '못'은 상황 혹은 능력에 따른 부정을 뜻한다.

문장부사

부사는 용언, 관형사, 부사 등을 꾸며 주는 말이지만, 경우에 따라 문장 전체를 꾸며 주기도 한다. 이러한 부사를 문장부사(文章副詞, sentence adverb)라고 한다. 다음의 예시를 보자.

(68) <u>제발</u> 날씨가 좋기를 바란다.

(68)의 '제발'은 '날씨가 좋기를 바란다.'라는 문장 전체에 대한 희망의 의미를 담고 있다. 결국 '제발'이 꾸며 주는 대상은 뒤에 오는 문장 전체이다. 이처럼 문장 전체를 꾸며 주는 부사가 바로 문장부사이다. 문장부사에는 '제발', '물론', '설마' 등이 있다.

접속부사

부사가 단순히 단어나 문장을 꾸며 주기만 하는 것은 아니다.

부사 중에는 단어 혹은 문장을 이어 주는 것도 있다. 이러한 기능의 부사를 접속부사(接續副詞, conjunctive adverb)라고 한다. 다음의 예시를 보자.

(69) ㄱ. 빨간색 <u>또는</u> 파란색.

ㄴ. 나는 집으로 갔다. <u>그리고</u> 곧바로 잠을 잤다.

(69ㄱ)의 '또는'과 (69ㄴ)의 '그리고'는 앞뒤의 단어 혹은 문장을 이어 주는 접속부사이다. (69ㄱ)의 '또는'은 '빨간색'과 '파란색'의 두 단어를 연결한다. 이처럼 단어와 단어를 이어 주는 접속부사에는 '또는', '및', '혹은' 등이 있다. 한편 (69ㄴ)의 '그리고'는 '나는 집으로 갔다.'라는 문장과 '곧바로 잠을 잤다.'라는 문장을 서로 이어 준다. 이와 같이 서로 다른 문장을 이어 주는 접속부사에는 '그리고', '그러나', '그런데' 등이 있다.

6.9. 감탄사

감탄사는 놀람을 나타내는 말이며, 자세하게는 화자의 감정과 의지를 나타내는 말이다. 감탄사는 다시 '감정감탄사', '의지감탄사'로 분류된다.

감정감탄사

감탄사는 화자의 감정을 나타내는 경우와 의지를 나타내는 경우로 구분된다. 이 중 화자의 감정을 나타내는 감탄사를 감정 감탄사(感情感歎詞)라고 한다. 다음의 예시를 보자.

(70) ㄱ. <u>와</u>, 정말 맛있다.
ㄴ. <u>이런</u>, 큰일 났어.
ㄷ. <u>아이고</u>, 어떻게 하지.
ㄹ. <u>아차</u>, 책을 놓고 왔어.

(70)에서 사용된 감탄사는 '와', '이런', '아이고', '아차'이다. 각각의 감탄사는 모두 화자의 감정을 나타내는데, (70ㄱ)의 '와'는 기쁨, (70ㄴ)의 '이런'은 화남, (70ㄷ)의 '아이고'는 슬픔, (70ㄹ)의 '아차'는 놀라움에 대한 감정을 나타낸다. 이처럼 화자의 감정을 나타내는 감탄사가 바로 감정감탄사이다. 그런데 감정감탄사는 그 구분이 명확하지 않다. 예컨대 기쁨을 나타내는 '와'의 경우 화남이나 슬픔 혹은 놀라움 대한 표현에 모두 사용하여도 크게 어색하지 않다. 이는 감탄사 자체가 다양한 의미로 활용될 수 있기 때문이며, 감정의 경계를 확실하게 구분 짓기가 힘들다는 점 때문이기도 하다.

의지감탄사

감탄사 중에는 화자의 의지를 나타내는 경우도 있다. 이러한 감탄사를 의지감탄사(意志感歎詞)라고 한다. 다음의 예시를 보자.

(71) ㄱ. 자, 다 같이 힘을 내자.
　　　ㄴ. 네, 알겠습니다.

(71ㄱ)의 '자'는 남에게 어떠한 행동을 요구할 때 사용하는 감탄사이며, (71ㄴ)의 '네'는 긍정 표현을 할 때 사용하는 감탄사이다. 두 가지 감탄사 모두 화자의 의지를 나타내고 있는데, 차이가 있다면 '자'는 상대방에게 의지를 요구하는 것이고, '네'는 자신의 의지를 표현하는 것이다. 의지를 요구하는 감탄사로는 '자', '여보세요', '쉿' 등이 있으며, 의지를 표현하는 감탄사로는 '네', '아니요', '천만에' 등이 있다. 이와 같이 화자의 의지를 나타내는 모든 감탄사를 통틀어서 의지감탄사라고 말한다.

6.10. 조사

조사는 체언의 문법적 기능을 표시해 주는 품사이다. 조사는 다시 '격조사', '보조사', '접속조사'로 분류된다.

격조사

조사 중에서 문장 속 체언이 갖는 자격을 표시해 주는 조사를 격조사(格助詞, case-marking postpositional particle)라고 하는데, 격조사는 다시 주격조사(主格助詞), 목적격조사(目的格助詞), 서술격조사(敍述格助詞), 보격조사(補格助詞), 관형격조사(冠形格助詞), 부사격조사(副詞格助詞), 호격조사(呼格助詞) 등의 일곱 가지로 나뉜다. 다음은 주격조사에 대한 예시이다.

(72) ㄱ. 하늘이 아주 푸르다.
ㄴ. 바다가 아주 푸르다.

(72ㄱ)의 '하늘이'와 (72ㄴ)의 '바다가'는 문장에서 주어의 기능을 한다. 이들은 각각 '하늘'과 '바다'에 조사 '이/가'가 붙은 형태이다. 이때의 '이/가'는 '하늘'과 '바다'가 문장에서 주어임을 표시한다. 이처럼 체언에 결합하여 주어의 자격을 표시하는 조사를 주격조사라고 한다. 주격조사에는 '이/가'가 대표적이며, 결합하는 체언의 마지막 음절에 받침이 있을 경우 '이'로, 받침이 없을 경우 '가'로 교체된다. 주격조사는 이 밖에도 '께서', '에서', '이서' 등이 있다. 다음은 목적격조사에 대한 예시이다.

(73) ㄱ. 나는 하늘을 봤다.
ㄴ. 나는 바다를 봤다.

(73ㄱ)의 '하늘을'과 (73ㄴ)의 '바다를'은 문장에서 목적어의 기능을 한다. 이들은 각각 '하늘'과 '바다'에 '을/를'의 조사가 결합한 형태이다. 이때의 '을/를'은 '하늘'과 '바다'가 문장에서 목적어임을 표시한다. 이처럼 체언에 결합하여 목적어의 자격을 표시해 주는 조사를 목적격조사라고 한다. 목적격조사인 '을/를' 역시 앞 말의 받침 유무에 따라 서로 교체된다. 다음은 서술격조사에 대한 예시이다.

(74) 나는 학생이다.

(74)의 '학생이다'는 문장에서 서술어의 기능을 한다. 이때 '학생이다'는 명사인 '학생'에 조사 '이다'가 결합된 것이다. 이처럼 체언이 서술어로 쓰일 때 결합하는 '이다'가 바로 서술격조사이다. 다음은 보격조사에 대한 예시이다.

(75) ㄱ. 나는 아빠가 되었다.
     ㄴ. 나는 학생이 아니다.

(75ㄱ)의 '되다', (75ㄴ)의 '아니다' 앞에 오는 명사구를 보어라고 하는데, 이러한 보어에 결합되는 조사가 바로 보격조사이다. (75ㄱ)의 경우 '되다' 앞에 '아빠가'라는 보어가 나타나며, (75ㄴ)의 경우 '아니다' 앞에 '학생이'라는 보어가 나타

난다. 또한 '아빠'와 '학생' 뒤에 조사 '이/가'가 결합되는 것을 볼 수 있다. 이때의 '이/가'가 바로 보격조사이다. 다음은 관형격조사에 대한 예시이다.

(76) 그는 나의 동생이다.

(76)의 '나'는 '의'와 결합하여 관형어로 쓰인다. 이때의 '의'는 '나'라는 명사에 결합하여 문장에서 관형어의 기능을 갖게 하는 것이므로 관형격조사이다. 한편 관형격조사인 '의'는 소유자와 소유물의 관계를 형성시킨다는 점에서 소유격조사(所有格助詞)로도 불린다. 다음은 부사격조사에 대한 예시이다.

(77) ㄱ. 그가 서울에 갔다.
ㄴ. 그가 서울에서 왔다.

(77ㄱ)과 (77ㄴ)의 '서울'은 각각 '에', '에서'와 결합하여 부사어로 쓰인다. 이때의 '에', '에서'는 '서울'이라는 명사에 결합하여 문장에서 부사어의 기능을 갖게 하는 것이므로 부사격조사이다. 한편 부사격조사는 처소(處所)와 관련된 의미를 나타낸다는 점에서 처소격조사(處所格助詞)로도 불린다. 부사격조사에는 '에', '에서', '로', '에게', '에게서' 등의 다양한 종류가 있다. 다음은 호격조사에 대한 예시이다.

(78) ㄱ. 나연아, 같이 공부하자.

ㄴ. 지효야, 밥 먹으러 가자.

(78ㄱ)의 '아'와 (78ㄴ)의 '야'는 각각 '나연'과 '지효'라는 사람의 이름을 부를 때 사용되는 조사이다. 이처럼 다른 사람을 부를 때 사용하는 조사를 호격조사라고 한다. 호격조사인 '아'와 '야'는 앞 말의 받침 유무에 따라 교체된다. '아'의 경우 앞 말의 받침이 있을 때, '야'는 앞 말의 받침이 없을 때 사용한다.

더 알아보기: 서술격조사의 특징

서술격조사는 다른 격조사들과 차별되는 특징이 있다. 서술격조사가 갖는 가장 큰 특징은 바로 어미와 결합할 수 있다는 것이다. 예컨대 '나는 학생이다.'라는 문장에서 과거의 표현을 하고자 할 때는 '나는 학생이었다.'의 문장으로 활용할 수 있다. 이 경우 서술격조사인 '이다'의 사이에 선어말어미인 '-었-'이 결합하게 된다. 이러한 특징은 다른 격조사에서는 찾아볼 수 없으며, 오히려 용언의 특징과 유사하다. 따라서 일부 학자들은 서술격조사 '이다'를 용언으로 보기도 한다. 하지만 이를 완전히 용언으로 보는 것도 어렵다. 만약 '이다'를 용언으로 본다면, '이-'가 어간이고, '-다'가 어미일 것이다. 이때 용언에서 어간은 어휘적인 의미를 담당하기 때문에 생략될 수 없지만, '이다'의 경우는 다르다. 예컨대 '그곳은 바다이다.'라는 문장은 '그곳은 바다다.'로 쓰일 수 있다. 만약 '이다'가 용언이라면, 그 어간이 생략되어 버린 것이다. 결국 '이다'는 용언이 될 수 없다. 이에 대한 몇 가지 논의가 더 있지만, 교재에서는 학교 문법의 지침에 따라 '이다'를 서술격조사로 분류하여 다루고자 한다.

보조사

조사 중에서 의미 기능을 갖는 조사를 보조사(補助詞, auxiliary postpositional particle)라고 한다. 다음의 예시를 보자.

(79) ㄱ. 지효만 학교에 갔다.

ㄴ. 윤기도 학교에 갔다.

ㄷ. 열두 시까지 가야 한다.

ㄹ. 열두 시부터 시작한다.

ㅁ. 이곳은 나의 집이다.

(79)에서 사용된 보조사는 '만', '도', '까지', '부터', '은' 등의 다섯 가지이다. 일반적으로 이 다섯 가지를 보조사의 대표적인 예로 본다. 우선 (79ㄱ)의 '만'은 한정의 기능을 나타낸다. 예를 들어 '지효만 학교에 갔다.'라는 문장은 학교에 간 사람이 오직 지효밖에 없다는 의미를 담고 있다. 즉 체언인 '지효'를 문장에서 한정적으로 사용하고 있는 것이다. 반면 (79ㄴ)의 '도'는 포함의 기능을 갖는데, 주로 보조사 '만'에 대한 반대의 의미로 사용한다. 예를 들어 '윤기도 학교에 갔다.'의 문장에서는 학교에 간 사람들 중에 윤기가 포함되어 있음을 알 수 있다. 즉 학교에 간 사람은 여러 명이고, 그중에 '윤기'가 포함되는 것이다.

한편 (79ㄷ)의 '까지'와 (79ㄹ)의 '부터'는 서로 의미가 반대되는 보조사이다. 우선 '까지'는 범위의 끝을 나타내는 보조사이다. 예를 들어 '열두 시까지 가야 한다.'에서는 적어도 열두 시가 되기 전에는 가야 한다는 의미가 담겨 있다. 즉 '열두 시'는 문장에서 한계점으로 사용된다. 반면 '부터'는 범위의 시작을 나타낸다는 점에서 '까지'와 정반대의 의미를 갖는다. 예를 들어 '열두 시부터 시작한다.'에서는 '열두 시'가 어떠한 한계점이 아닌 시작점으로 사용된다. 즉 이와 같은 문장에서 체언은 범위의 시작에 대한 의미를 갖게 된다.

이 밖에도 (79ㅁ)의 '은/는'과 같은 보조사도 있다. '은/는'은 설명의 기능을 나타내는 보조사이다. 예를 들어 '이곳은 나의 집이다.'라는 문장은 '이곳에 대해 말하자면, 내가 사는 집이다.' 정도로 풀어 쓸 수 있다. 결국 체언인 '이곳'에 결합한 보조사 '은'은 설명에 대한 암시의 기능을 하는 것이다. 또한 보조사 '은'은 앞 말의 받침 유무에 따라 '는'으로 교체된다.

접속조사

조사 중에서 둘 이상의 명사구를 이어 주는 조사를 접속조사(接續助詞, conjunctive postpositional particle)라고 한다. 다음의 예시를 보자.

(80) ㄱ. 지효<u>와</u> 나연이는 학교에 갔다.

　　　ㄴ. 윤기<u>하고</u> 태형이는 친구들 사이에 인기가 있다.

　　　ㄷ. 사과<u>랑</u> 배<u>랑</u> 귤<u>이랑</u> …

　　　ㄹ. 산<u>이며</u> 나무<u>며</u> 꽃<u>이며</u> …

　　(80)의 '와/과', '하고', '(이)랑', '(이)며' 등은 둘 이상의 명사 혹은 명사구를 이어 주고 있다. 특히 '와/과'의 경우 앞 말에 받침이 없으면 '와', 받침이 있으면 '과'로 교체된다. 또한 '(이)랑'과 '(이)며'의 경우 앞 말에 받침이 없으면 '랑', '며'로 쓰이고, 받침이 있으면 '이랑', '이며'로 쓰인다. 이처럼 둘 이상의 특정한 대상을 서로 같은 자격으로 이어 주는 조사가 바로 접속조사이다.

더 알아보기: 공동격조사와 접속조사의 차이

　　공동격조사는 동반 부사격조사라고도 하는데, 이른바 대칭동사(對稱動詞) 또는 대칭형용사(對稱形容詞)라고 하는 '만나다', '싸우다', '닮다' 등이 서술어로 오는 문장에서 사용되는 '와/과'를 말한다. 반면 접속조사는 체언과 체언을 이어 주는 접속의 기능만 가지고 있다. 다음의 예시를 보자.

　　a. 지효<u>와</u> 나연이는 얼굴이 닮았다.

　　b. 지효<u>와</u> 나연이는 공원에서 만났다.

　　c. 지효<u>와</u> 나연이는 학교에 갔다.

　　d. 지효<u>와</u> 나연이는 친구들 사이에 인기가 많다.

a와 b는 공동격조사의 예이고, c와 d는 접속조사의 예이다. 이를 구분하는 방법은 '와/과'로 이어진 체언 중 하나를 생략하여 완전한 문장을 만드는 것인데, 완전한 문장을 만들지 못하면 공동격조사이고, 완전한 문장을 만들면 접속조사이다.

마무리하기

· 품사(品詞, word class)란 단어를 문법적인 성질의 공통성에 따라 나
눈 부류이다.

· 한국어의 품사 분류 기준에는 형태(形態, form), 기능(機能, function),
의미(意味, meaning)의 세 가지가 있다.

· 한국어는 형태의 기준에 따라 불변어(不變語, uninflected word)와
가변어(可變語, inflected word)로 나뉜다.

· 한국어는 기능의 기준에 따라 체언(體言), 용언(用言), 수식언(修飾言),
관계언(關係言), 독립언(獨立言) 등의 다섯 가지로 단어를 분류한다.

· 한국어는 의미의 기준에 따라 명사(名詞, noun), 대명사(代名詞, pronoun),
수사(數詞, numeral), 동사(動詞, verb), 형용사(形容詞, adjective), 관형사
(冠形詞, determiner), 부사(副詞, adverb), 감탄사(感歎詞, interjection), 조
사(助詞, postposition) 등의 아홉 가지로 단어를 분류한다.

· 명사는 사물의 이름을 나타내는 말이다.

· 명사는 사물을 나타내는 방법에 따라 보통명사(普通名詞, common
noun)와 고유명사(固有名詞, proper noun), 감정 표현의 가능 여부
에 따라 유정명사(有情名詞, animate noun)와 무정명사(無情名詞,
inanimate noun), 자립의 가능 여부에 따라 자립명사(自立名詞, free
noun)와 의존명사(依存名詞, bound noun)로 분류한다.

• 대명사는 사물의 이름을 대신하는 말이다.

• 대명사는 사람을 대신하는 인칭대명사(人稱代名詞, personal pronoun)
와 사물 혹은 장소를 대신하는 지시대명사(指示代名詞, demonstrative
pronoun)로 분류한다.

• 수사는 사물의 수를 나타내는 말이다.

• 수사는 사물의 수량을 나타내는 양수사(量數詞, cardinal numerals)와
사물의 순서를 나타내는 서수사(序數詞, ordinal numerals)로 분류한다.

• 동사는 사물의 동작을 나타내는 말이다.

• 동사는 사물의 동작이 미치는 범위에 따라서 자동사(自動詞, intransitive
verb)와 타동사(他動詞, transitive verb)로 분류되고, 홀로 서술어의 기능
을 할 수 없는 보조동사(補助動詞, auxiliary verb)까지 포함한다.

• 형용사는 사물의 상태를 나타내는 말이다.

• 형용사는 사람이나 사물의 성질을 나타내는 성상형용사(性狀形容詞,
adjective), 사물의 상태나 성질을 지시하는 지시형용사(指示形容詞,
demonstrative adjective), 홀로 서술어의 기능을 할 수 없는 보조형
용사(補助形容詞, auxiliary adjective)로 분류한다.

• 관형사는 체언을 꾸며 주는 말이다.

• 관형사는 체언의 성질이나 상태를 한정하는 성상관형사(性狀冠
形詞, determiner), 특정한 대상을 가리키는 지시관형사(指示冠形

詞, demonstrative determiner), 특정한 대상의 수를 한정하는 수관형사(數冠形詞, numeral determiner)로 분류한다.

· 부사는 용언, 관형사, 부사 등을 꾸며 주는 말이다.

· 부사는 꾸밈을 받는 단어의 성질이나 상태를 한정하는 성상부사(性狀副詞, adverb), 꾸밈을 받는 단어의 시간 혹은 방향을 지시하는 지시부사(指示副詞, demonstrative adverb), 뒤에 오는 동사나 형용사에 대해 부정의 의미를 더하는 부정부사(否定副詞 negative adverb), 문장 전체를 꾸며 주는 문장부사(文章副詞, sentence adverb), 단어 혹은 문장을 이어 주는 접속부사(接續副詞, conjunctive adverb)로 분류한다.

· 감탄사는 놀람을 나타내는 말이다.

· 감탄사는 화자의 감정을 나타내는 감정감탄사(感情感歎詞)와 화자의 의지를 나타내는 의지감탄사(意志感歎詞)로 분류한다.

· 조사는 체언의 문법적 기능을 표시해 주는 말이다.

· 조사는 문장에서 체언이 갖는 자격을 표시해 주는 격조사(格助詞, case-marking postpositional particle), 의미 기능을 갖는 보조사(補助詞, auxiliary postpositional particle), 둘 이상의 명사구를 이어 주는 접속조사(接續助詞, conjunctive postpositional particle)로 분류한다.

· 격조사는 다시 주격조사(主格助詞), 목적격조사(目的格助詞), 서술격조사(敍述格助詞), 보격조사(補格助詞), 관형격조사(冠形格助詞), 부사격조사(副詞格助詞), 호격조사(呼格助詞) 등의 일곱 가지로 나뉜다.

제3부

통사론

제7장 문장 성분

7.1. 문장 성분의 이해

문장 성분은 문장을 이루는 기본적 구성 요소이다. 문장을 하위 단위로 나누어 보면, 주어가 포함되어 있는 주어부와 서술어가 포함되어 있는 서술부로 나눌 수 있다. 그리고 이를 다시 나누면 어절로 나누어지는데, 이렇게 나누어진 어절을 일반적으로 문장 성분이라고 한다. 한국어의 문장 성분은 '주어', '목적어', '서술어', '보어', '관형어', '부사어', '독립어'가 있다. 여기에서는 문장 성분에 대한 이해와 더불어 각각의 문장 성분이 갖는 특징을 살펴보자.

문장과 문장 구조

문장(文章, sentence)이란 사람의 생각이나 감정을 말이나 글로 표현할 때 완결된 내용을 나타내는 언어 단위를 말한다. 문장은 하나의 어절로 이루어진 경우도 있고, 그 이상의 어절로 이루어진 경우도 있다. 예를 들어 '어디야?'는 하나의 어절이고, '지금 어디에 있어?'는 세 개의 어절이다. 일반적으로 한국어 문장은 다음과 같은 다섯 가지의 구조를 갖는다.

> (1) ㄱ. 지효는 잔다.
> ㄴ. 지효는 용감하다.
> ㄷ. 지효는 학생이다.
> ㄹ. 지효는 학생이 되었다. / 지효는 학생이 아니다.
> ㅁ. 지효는 태형이에게 선물을 주었다.

이를 구성 형식에 따라 정리해 보면, (1ㄱ)은 '누가(무엇이) 어찌하다', (1ㄴ)은 '누가(무엇이) 어떠하다', (1ㄷ)은 '누가(무엇이) 무엇이다', (1ㄹ)은 '누가(무엇이) 무엇이 되다(아니다)', (1ㅁ)은 '누가 누구에게 무엇을 어찌하다'로 구성되어 있다. 이러한 형식적 짜임새를 기본으로 하여 한국어의 문장은 형성된다.

문장 성분

문장을 구성하는 기본적인 언어 단위로는 어절(語節, word segment)이 있다. 어절은 보통 띄어쓰기 단위 또는 호흡의 단위 정도로 정의되는 언어 단위로, 앞에서 제시한 구성 요소인 '누가(무엇이)', '어찌하다(어떠하다, 무엇이다)', '무엇을', '누구에게' 등을 가리키는 것이다. 이처럼 어절은 문장의 뼈대이면서, 문장의 한 요소로서 역할을 담당하고 있다. 문장은 보통 어절을 기본으로 하여 형성되는데, 이렇게 문장을 구성하는 요소를 문장 성분(文章成分, constituent of sentence)이라고 한다. 한국어의 문장 성분은 크게 주성분(主成分), 부속성분(附屬成分), 독립성분(獨立成分)으로 나뉘고, 세부적으로는 총 일곱 가지로 분류된다. 주성분에는 주어(主語, subject), 목적어(目的語, object), 서술어(敍述語, predicate), 보어(補語, complement)가 해당되고, 부속성분에는 관형어(冠形語, adnominal phrase), 부사어(副詞語, adverbial phrase)가 해당되며, 독립성분에는 독립어(獨立語, independent word)가 있다. 이를 간단하게 정리하면 다음과 같다.

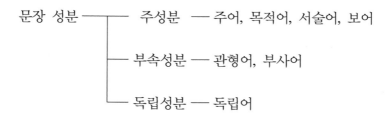

7.2. 주어

주어(主語, subject)란 문장에서 동작이나 상태의 주체가 되는 필수적인 성분으로, '누가(무엇이) 어찌하다(어떠하다, 무엇이다)'의 문형에서 '누가(무엇이)'에 해당하는 주성분이다. 주어는 체언에 주격조사를 결합하여 실현되는데, 주로 '이/가'가 결합한다. 이 외에 '께서', '에서'가 결합하기도 하고, 보조사가 결합하기도 한다. 다음의 예시를 보자.

> (2) ㄱ. <u>곰이</u> 느릿느릿 움직인다. / <u>윤기가</u> 학교에 간다.
> ㄴ. <u>아버지께서</u> 학교에 가신다.
> ㄷ. <u>우리 학교에서</u> 우승을 했다.
> ㄹ. <u>윤기는</u> 공원에 갔다.

(2)에서 주어는 '곰이/윤기가', '아버지께서', '우리 학교에서', '윤기는'이다. (2ㄱ)은 주격조사 '이/가', (2ㄴ)은 주격조사 '께서', (2ㄷ)은 주격조사 '에서', (2ㄹ)은 보조사 '는'이 결합한 예이다. (2ㄱ)의 '이/가'는 주어를 실현하는 가장 일반적인 격조사인데, 선행하는 체언의 받침 유무에 따라 교체하여 사용된다. (2ㄴ)의 '께서'는 주체인 주어를 높일 때 쓰이는 조사이고, (2ㄷ)의 '에서'는 주어가 단체를 나타낼 때 쓰이는 조사이다. (2ㄹ)의 경우 보조사 '는'이 결합한 '윤기는'이 주어로 기능하는 예이다.

7.3. 목적어

목적어(目的語, object)란 문장에서 동작의 대상이 되는 성분을 가리키는 것으로, '누가(무엇이) 누구를(무엇을) 어찌하다'의 타동사 문형에서 '누구를(무엇을)'에 해당하는 주성분이다. 목적어는 체언에 목적격조사가 결합하여 실현되는데, 주로 '을/를'이 결합한다. 또한 보조사가 결합하기도 한다. 다음의 예시를 보자.

(3) ㄱ. 나연이가 <u>밥을</u> 먹는다.
    ㄴ. 나연이가 <u>고기를</u> 먹는다.
    ㄷ. 나연이가 <u>고기만</u> 먹는다. / 나연이가 <u>고기는</u> 먹는다.

(3)에서 목적어는 '밥을', '고기를', '고기만/고기는'이다. (3ㄱ)은 목적격조사 '을', (3ㄴ)은 목적격조사 '를', (3ㄷ)은 보조사 '만/는'이 결합한 예이다. (3ㄱ)과 (3ㄴ)의 '을/를'은 목적어를 실현하는 가장 일반적인 격조사인데, 선행하는 체언에 받침이 있으면 '을', 받침이 없으면 '를'이 결합한다. (3ㄷ)은 보조사 '만/는'이 결합한 '고기만/고기는'이 목적어로 기능하는 예이다.

7.4. 서술어

서술어(敍述語, predicate)란 문장에서 주어의 동작, 상태, 성질을 나타내는 문장의 중심 성분으로, '누가(무엇이) 어찌하다 (어떠하다, 무엇이다)'의 문형에서 '어찌하다(어떠하다, 무엇이다)'에 해당하는 주성분이다. '어찌하다'는 동사로, '어떠하다'는 형용사로, '무엇이다'는 체언에 서술격조사 '이다'가 결합되어 나타난다. 다음의 예시를 보자.

(4) ㄱ. 태형이는 밥을 <u>먹는다</u>.

   ㄴ. 태형이는 몸이 <u>가볍다</u>.

   ㄷ. 태형이는 고등학교에 다니는 <u>학생이다</u>.

(4)에서 서술어는 '먹는다', '가볍다', '학생이다'이다. (4ㄱ)은 '어찌하다'의 문형으로 동사인 '먹는다', (4ㄴ)은 '어떠하다'의 문형으로 형용사인 '가볍다', (4ㄷ)은 '무엇이다'의 문형으로 체언에 서술격조사 '이다'가 결합한 '학생이다'가 서술어로 기능하고 있다.

한편 서술어는 문장에서 가장 중심이 되는 성분으로 높임, 시제 등의 다양한 문법적 기능을 포함한다. 다음의 예시를 보자.

(5) ㄱ. 선생님께서는 공원에 <u>가셨다</u>.

   ㄴ. 태형이는 선생님께 선물을 <u>드린다</u>.

(5ㄱ)의 서술어 '가셨다'와 (5ㄴ)의 서술어 '드린다'에는 높임, 시제, 문장 종결 등의 문법적 기능이 포함되어 있다. 우선 (5ㄱ)의 '가셨다'에는 과거라는 시제, 주체에 대한 높임, 평서형이라는 문장 종결법이 포함되어 있다. 또한 (5ㄴ)의 '드린다'에는 현재라는 시제, 객체에 대한 높임, 평서형이라는 문장 종결법 등이 포함되어 있다.

7.5. 보어

보어(補語, complement)란 서술 부분을 보완해 주는 성분으로, '누가(무엇이) 무엇이 되다(아니다)'의 문형에서 '무엇이'에 해당하는 주성분이다. 보어는 체언에 보격조사 '이/가'가 결합하여 실현된다. 다음의 예시를 보자.

> (6) ㄱ. 지효는 <u>선생님이</u> 되었다. / 지효는 <u>가수가</u> 되었다.
>   ㄴ. 지효는 <u>선생님이</u> 아니다. / 지효는 <u>가수가</u> 아니다.

(6)에서 보어는 '선생님이', '가수가'이다. (6ㄱ)에서 보어는 서술어 '되다'에 선행하는데, 받침의 유무에 따라 '이/가'가 교체되어 결합한다. 한편 (6ㄴ)에서 보어는 서술어 '아니다'에 선행하는데, 이 또한 받침의 유무에 따라 '이/가'가 교체되어 결합한다.

7.6. 관형어

관형어(冠形語, adnominal phrase)란 체언을 수식하는 성분으로, 부속성분이다. 관형어로 기능하는 경우는 체언, 체언에 관형격조사 '의'가 결합한 형태, 관형사, 용언의 관형사형 등이 있다. 다음의 예시를 보자.

(7) ㄱ. <u>나연</u> 책을 함부로 만지지 말아라.

ㄴ. <u>나연의</u> 물건을 함부로 만지지 말아라.

ㄷ. 나연이는 <u>헌</u> 옷을 입고 있다.

ㄹ. 나연이는 <u>낡은</u> 옷을 버렸다.

(7)에서 관형어는 '나연', '나연의', '헌', '낡은'이다. (7ㄱ)은 체언인 '나연', (7ㄴ)은 체언에 관형격조사 '의'가 결합한 '나연의', (7ㄷ)은 관형사인 '헌', (7ㄹ)은 용언의 관형사형인 '낡은'이 관형어로 기능하고 있다.

7.7. 부사어

부사어(副詞語, adverbial phrase)란 주로 용언을 수식하는 성분으로, 관형어와 같이 부속성분이다. 부사어로 기능하는 경우는 체언에 부사격조사가 결합한 형태, 부사, 용언의 부사형 등이 있다. 다음의 예시를 보자.

(8) ㄱ. 태양이 <u>우리에게</u> 따뜻함을 준다.

ㄴ. 하늘이 <u>매우</u> 파랗다.

ㄴ. 진달래가 <u>예쁘게</u> 피었다.

(8)에서 부사어는 '우리에게', '매우', '예쁘게'이다. (8ㄱ)은 체언에 부사격조사 '에게'가 결합한 '우리에게', (8ㄴ)은 부사인

'매우', (8ㄷ)은 용언의 부사형인 '예쁘게'가 부사어로 기능하고 있다.

한편 부사어는 관형어와는 달리 수식 범위가 다양하다. 부사어는 주로 용언을 수식하지만, 때로는 관형어나 부사어 혹은 문장 전체 등을 수식하기도 한다. 다음의 예시를 보자.

(9) ㄱ. 윤기는 지효를 <u>매우</u> 사랑한다. / 지효는 <u>매우</u> 아름답다.
　　ㄴ. 윤기는 <u>아주</u> 큰 가방을 들었다.
　　ㄷ. 윤기는 <u>정말</u> 빠르게 뛰었다.
　　ㄹ. <u>과연</u>, 윤기가 한라산에 오를 수 있을까?

(9)에서 부사어는 '매우', '아주', '정말', '과연'인데, 피수식어는 각각 다르다. (9ㄱ)에서 '매우'는 동사인 '사랑한다'와 형용사인 '아름답다'를 수식하고, (9ㄴ)에서 '아주'는 관형어인 '큰'을 수식하고 있으며, (9ㄷ)에서 '정말'은 부사어 '빠르게'를 수식하고 있고, (9ㄹ)에서 '과연'은 문장 전체인 '윤기가 한라산에 오를 수 있을까?'를 수식한다.

7.8. 독립어

독립어(獨立語, independent word)란 문장에서 다른 성분과 직접적인 관련 없이 독립적으로 쓰이는 독립성분이다. 감탄, 대답,

부름 등의 표현이 이에 해당한다. 독립어로 기능하는 경우는 감탄사, 체언에 호격조사 '아/야'가 결합한 형태, 체언 등이 있다. 다음의 예시를 보자.

(10) ㄱ. <u>우와</u>! 여기 경치는 정말 아름답구나!
ㄴ. <u>나연아</u>, 이쪽으로 잠깐 올 수 있겠니?
ㄷ. <u>이순신</u>, 이 이름은 듣기만 하여도 용맹함이 느껴진다.

(10)에서 독립어는 '우와', '나연아', '이순신'이다. (10ㄱ)은 감탄사인 '우와', (10ㄴ)은 체언에 호격조사 '아'가 결합한 '나연아', (10ㄷ)은 체언인 '이순신'이 독립어로 기능하고 있다. 특히 (10ㄴ)의 호격조사 '아'는 앞 말에 받침이 없을 경우 '야'로 교체하여 사용된다.

더 알아보기: 접속어의 문제

접속어는 단어와 단어 혹은 문장과 문장을 이어 주는 문장 성분을 말한다. 이에 해당하는 것으로는 '그리고', '그러나', '하지만', '또는' 등이 있다. 다만 이러한 접속어는 학교 문법의 기준에서 '부사'로 분류되고, 문장 성분으로는 '독립어'로 분류된다. 따라서 교재의 본문에서는 별도로 다루지 않는다. 여전히 이에 대해 여러 논의가 있지만, 명확하게 해결되지는 않았다. 일관성의 측면과 교육의 측면을 고려하여 이에 대한 논의가 진행되어야 할 것이다.

마무리하기

· 문장(文章, sentence)이란, 사람의 생각이나 감정을 말이나 글로 표현할 때 완결된 내용을 나타내는 언어 단위를 말한다.

· 한국어 문장 구조는 '누가(무엇이) 어찌하다', '누가(무엇이) 어떠하다', '누가(무엇이) 무엇이다', '누가(무엇이) 무엇이 되다(아니다)', '누가 누구에게 무엇을 어찌하다'로 구성되어 있다.

· 문장을 구성하는 요소를 문장 성분(文章成分, constituent of sentence)이라고 한다.

· 한국어의 문장 성분은 크게 주성분(主成分), 부속성분(附屬成分), 독립성분(獨立成分)으로 나뉜다. 나아가 주성분에는 주어(主語, subject), 목적어(目的語, object), 서술어(敍述語, predicate), 보어(補語, complement), 부속성분에는 관형어(冠形語, adnominal phrase), 부사어(副詞語 adverbial phrase), 독립성분에는 독립어(獨立語, independent word)가 있다.

· 주어란 문장에서 동작이나 상태의 주체가 되는 필수적인 성분으로, '누가(무엇이) 어찌하다(어떠하다, 무엇이다)'의 문형에서 '누가(무엇이)'에 해당하는 주성분이다.

· 서술어란 문장에서 주어의 동작, 상태, 성질을 나타내는 중심 성분으로, '누가(무엇이) 어찌하다(어떠하다, 무엇이다)'의 문형에서 '어찌하다(어떠하다, 무엇이다)'에 해당하는 주성분이다.

· 목적어란 문장에서 동작의 대상이 되는 성분을 가리키는 것으로,

'누가(무엇이) 누구를(무엇을) 어찌하다'의 타동사 문형에서 '누구를
(무엇을)'에 해당하는 주성분이다.

· 보어란 서술 부분을 보완해 주는 성분으로, '누가(무엇이) 무엇이 되
다(아니다)'의 문형에서 '무엇이'에 해당하는 주성분이다.

· 관형어란 체언을 수식하는 성분으로, 부속성분이다

· 부사어란 주로 용언을 수식하는 성분으로, 부속성분이다.

· 독립어란 문장에서 다른 성분과 직접적인 관련 없이 독립적으로 쓰
이는 독립성분이다. 감탄, 대답, 부름 등의 표현이 이에 해당한다.

제8장 문장 유형

8.1. 문장 유형의 이해

한국어의 문장 유형으로는 '평서문', '의문문', '명령문', '청유문', '감탄문' 등이 있는데, 이러한 문장 유형은 '문장 종결법'에 의해 실현된다. 따라서 문장의 유형을 파악하기 위해서는 문장 종결법에 대한 이해가 필요하다. 이 점을 고려하여 문장 종결법을 이해하고, 각각의 문장 유형들을 살펴보자.

문장 종결법

문장 종결법(文章終結法)이란 종결어미에 의해 화자의 생각 또는 의도를 표현하는 방법을 말한다. 예컨대 종결어미에 따라 화자의 생각을 그대로 말하거나, 청자에게 질문하거나, 명령하거나, 권유하는 등의 다양한 생각 또는 의도를 표현할 수 있는 것이다. 이러한 문장 종결법에 따라 문장은 다양한 유형으로 분류되며, 나아가 의사소통 과정에서 상대 높임법을 실현하기도 한다. 문장 종결법은 경우에 따라 문체법(文體法) 또는 의향법(意向法)이라고도 불린다.

더 알아보기: 의향법

의향법(意向法)은 언어 전달 과정에서 청자에 대한 화자의 태도를 실현하는 문법 범주이다. 허웅(1983)에서는 서술법(敍述法), 의문법(疑問法), 명령법(命令法), 청유법(請誘法)으로 분류한 의향법을 논의하였다. 다만 우리 교재에서는 학교 문법을 기준으로 한 문장 종결법(文章終結法)에 기반을 두고 문장 유형을 설명하고 있다.

문장 유형

한국어의 문장 종결법은 크게 다섯 가지가 있는데, 문장의 내용을 객관적으로 서술하는 평서법(平敍法), 청자에게 묻는 의문법(疑問法), 청자에게 명령하는 명령법(命令法), 청자에게 권유하는 청유법(請誘法), 화자의 느낌을 표현하는 감탄법(感歎法) 등이 이에 해당한다. 그리고 각각의 문장 종결법에 따라 한국어의 문장 유형(文章類型, sentence type)도 다음의 다섯 가지로 분류된다.

(11) ㄱ. 밥을 먹었다.

ㄴ. 밥을 먹었나요?

ㄷ. 밥을 먹어라.

ㄹ. 밥을 먹자.

ㅁ. 밥이 맛있구나!

(11ㄱ)은 평서법에 의한 평서문(平敍文), (11ㄴ)은 의문법에 의한 의문문(疑問文), (11ㄷ)은 명령법에 의한 명령문(命令文), (11ㄹ)은 청유법에 의한 청유문(請誘文), (11ㅁ)은 감탄법에 의한 감탄문(感歎文)이다.

8.2. 평서법

평서법(平敍法)은 평서형 어미에 의해 실현되는 문장 종결법이다. 그리고 평서법에 의해 실현되는 문장을 평서문(平敍文)이라고 한다. 평서법을 실현하는 어미는 대표적으로 종결어미 '-다'가 있고, 이 외에도 '-라', '-어', '-네', '-오', '-요', '-ㅂ니다' 등이 있다. 다음의 예시를 보자.

  (12) ㄱ. 지효가 밥을 먹는다. / 지효가 밥을 먹더라.
       ㄴ. 지효는 혼자 밥을 먹어.
       ㄷ. 지효가 밥을 먹네.
       ㄹ. 지효가 밥을 먹으오.
       ㅁ. 지효가 밥을 먹어요.
       ㅂ. 지효가 밥을 먹습니다.

(12ㄱ)은 해라체의 '-다/라', (12ㄴ)은 해체의 '-어', (12ㄷ)은 하게체의 '-네', (12ㄹ)은 하오체의 '-오', (12ㅁ)은 해요체의 '-

요', (12ㅂ)은 하십시오체의 '-ㅂ니다'가 쓰인 예이다. 이들 모두 평서법이 적용된 예이며, 문장의 내용을 객관적으로 서술하고 있는 평서문이다.

8.3. 의문법

의문법(疑問法)은 의문형 어미에 의해 실현되는 문장 종결법이다. 그리고 의문법에 의해 실현되는 문장을 의문문(疑問文)이라고 한다. 의문법을 실현하는 어미에는 '-느냐/(으)냐', '-어', '-가', '-오', '-요', '-ㅂ니까' 등이 있다. 다음의 예시를 보자.

(13) ㄱ. 지금 밥을 먹느냐? / 그 물은 얼마나 뜨겁냐? / 이것은 무엇이냐?
ㄴ. 태형아, 밥은 먹었어?
ㄷ. 밥은 먹었는가?
ㄹ. 밥은 먹었소?
ㅁ. 밥은 먹어요?
ㅂ. 밥은 먹습니까?

(13ㄱ)은 해라체의 '-느냐/(으)냐', (13ㄴ)은 해체의 '-어', (13ㄷ)은 하게체의 '-가', (13ㄹ)은 하오체의 '-오', (13ㅁ)은 해요체의 '-요', (13ㅂ)은 하십시오체의 '-ㅂ니까'가 쓰인 예이다. 이들 모두 의문법이 적용된 예이며, 청자에게 무언가를 묻는 의문문이다.

8.4. 명령법

명령법(命令法)은 명령형 어미에 의해 실현되는 문장 종결법이다. 그리고 명령법에 의해 실현되는 문장을 명령문(命令文)이라고 한다. 명령법을 실현하는 어미에는 '-어라', '-어', '-게', '-오', '-요', '-ㅂ시오' 등이 있다. 다음의 예시를 보자.

　(14) ㄱ. 밥 먹어라.
　　　ㄴ. 밥 먹어.
　　　ㄷ. 밥 먹게.
　　　ㄹ. 밥 드시오.
　　　ㅁ. 밥 드세요.
　　　ㅂ. 식사 하십시오.

(14ㄱ)은 해라체의 '-어라', (14ㄴ)은 해체의 '-어', (14ㄷ)은 하게체의 '-게', (14ㄹ)은 하오체의 '-오', (14ㅁ)은 해요체의 '-요', (14ㅂ)은 하십시오체의 '-ㅂ시오'가 쓰인 예이다. 이들 모두 명령법이 적용된 예이며, 청자에게 무언가를 명령하는 명령문이다.

8.5. 청유법

청유법(請誘法)은 청유형 어미에 의해 실현되는 문장 종결법이다. 그리고 청유법에 의해 실현되는 문장을 청유문(請誘文)이라고 한다. 청유법을 실현하는 어미에는 '-자', '-어', '-세', '-ㅂ시다', '-요' 등이 있다. 다음의 예시를 보자.

(15) ㄱ. 공원에 같이 가자.
ㄴ. 공원에 같이 가.
ㄷ. 공원에 같이 가세.
ㄹ. 공원에 같이 갑시다.
ㅁ. 공원에 같이 가요.

(15ㄱ)은 해라체의 '-자', (15ㄴ)은 해체의 '-어', (15ㄷ)은 하게체의 '-세', (15ㄹ)은 하오체의 '-ㅂ시다', (15ㅁ)은 해요체의 '-요'가 쓰인 예이다. 이들 모두 청유법이 적용된 예이며, 청자에게 무언가를 권유하는 청유문이다. 한편 청유문에서 하십시오체는 나타나지 않는다.

8.6. 감탄법

감탄법(感歎法)은 감탄형 어미에 의해 실현되는 문장 종결법이다. 그리고 감탄법에 의해 실현되는 문장을 감탄문(感歎文)이라고 한다. 감탄법을 실현하는 어미에는 '-구나', '-어', '-네/구먼', '-구려', '-요' 등이 있다. 다음의 예시를 보자.

(16) ㄱ. 달이 밝구나!

　　　ㄴ. 달이 아름다워!

　　　ㄷ. 달이 밝네! / 달이 밝구먼!

　　　ㄹ. 달이 밝구려!

　　　ㅁ. 달이 밝아요!

　(16ㄱ)은 해라체의 '-구나', (16ㄴ)은 해체의 '-어', (16ㄷ)은 하게체의 '-네/구먼', (16ㄹ)은 하오체의 '-구려', (16ㅁ)은 해요체의 '-요'가 쓰인 예이다. 이들 모두 감탄법이 적용된 예이며, 화자가 자신의 느낌을 표현하는 감탄문이다. 한편 감탄문에서 하십시오체는 나타나지 않는다.

마무리하기

· 문장 유형(文章類型, sentence type)은 어말어미 중 종결어미에 의해 결정된다. 이러한 문법 범주를 문장 종결법(文章終結法)이라고 한다.

· 문장 종결법에는 평서법(平敍法), 의문법(疑問法), 명령법(命令法), 청유법(請誘法), 감탄법(感歎法) 등이 있으며, 이에 따라 평서문(平敍文), 의문문(疑問文), 명령문(命令文), 청유문(請誘文), 감탄문(感歎文) 등의 다섯 가지 문장 유형이 실현 된다.

· 평서법은 평서형 어미에 의해 실현되는 문장 종결법이다. 이러한 평서법에 의해 만들어진 문장을 평서문이라 한다.

· 평서법을 실현하는 평서형 어미에는 '-다', '-라', '-어', '-네 ', -오', '-요', '-ㅂ니다' 등이 있다.

· 의문법은 의문형 어미에 의해 실현되는 문장 종결법이다. 이러한 의문법에 의해 만들어진 문장을 의문문이라 한다.

· 의문법을 실현하는 의문형 어미에는 '-느냐/(으)냐', '-어', '-가', '-오', '-요', '-ㅂ니까' 등이 있다.

· 명령법은 명령형 어미에 의해 실현되는 문장 종결법이다. 이러한 명령법에 의해 만들어진 문장을 명령문이라 한다.

· 명령법을 실현하는 명령형 어미에는 '-어라', '-어', '-게', '-오', '-요', '-ㅂ시오' 등이 있다.

- 청유법은 청유형 어미에 의해 실현되는 문장 종결법이다. 이러한 청유법에 의해 만들어진 문장을 청유문이라 한다.

- 청유법을 실현하는 청유형 어미에는 '-자', '-어', '-세', '-ㅂ시다', '-요' 등이 있다.

- 감탄법은 감탄형 어미에 의해 실현되는 문장 종결법이다. 이러한 감탄법에 의해 만들어진 문장을 감탄문이라 한다.

- 감탄법을 실현하는 감탄형 어미에는 '-구나', '-어', '-네/구먼', '-구려 ', '-요' 등이 있다.

제9장 문장 확장

9.1. 단문(홑문장)과 복문(겹문장)

　문장 확장이란 기본적인 문장에서 보다 복잡한 문장으로 구성되는 것을 말하는데, 이는 곧 '단문(홑문장)'이 '복문(겹문장)'으로 확장되는 것을 뜻한다. 여기에서는 문장 확장에서의 단문과 복문에 대한 개념을 정리하고자 한다.

단문(홑문장)

　문장은 기본적으로 주어와 서술어의 관계를 갖는다. 물론 이러한 관계가 여러 번 나타날 수도 있지만, 가장 기본적인 구조에서는 문장 안에 하나의 주술 관계가 나타난다. 이처럼 주어와 서술어의 관계가 한 번 나타나는 문장을 단문(單文, simple sentence)혹은 홑문장이라고 한다. 다음의 예시를 보자.

　(17) 나연이가 밥을 먹는다.

　(17)은 주어인 '나연이가'와 서술어인 '먹는다'의 관계가 한

번만 나타나는 문장이다. 이러한 문장을 단문이라고 한다. 단문은 말 그대로 가장 기본적인 문장 구조이며, 이러한 단문을 기반으로 보다 복잡한 문장 구성이 나타나게 된다.

복문(겹문장)

문장 안에 주어와 서술어의 관계가 둘 이상 나타나는 경우가 있다. 이를 복문(複文, complex sentence) 혹은 겹문장이라고 한다. 복문은 다시 문장이 다른 문장을 안고 있는 안은 문장(embedded sentence)과 문장이 다른 문장과 이어지는 이어진 문장(conjunctive sentence)으로 나눌 수 있다. 다음의 예시를 보자.

(18) ㄱ. 나연이는 어머니가 외출하기를 기다렸다.
ㄴ. 나연이는 집에 있고, 어머니는 외출을 하였다.

(18ㄱ)과 (18ㄴ)은 주어와 서술어의 관계가 두 번 이상 나타나는 복문이다. 이때 (18ㄱ)은 '나연이는 기다렸다'라는 문장이 '어머니가 외출하다'라는 문장을 안고 있는 안은 문장이고, (18ㄴ)은 '나연이는 있다'라는 문장이 '어머니는 하였다'의 문장과 대등하게 이어져 있는 이어진 문장이다. 이러한 문장의 구조를 간단하게 정리하면 다음과 같다.

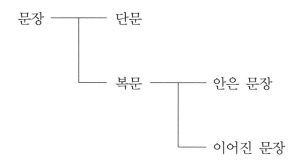

이처럼 문장은 단문으로 이루어지기도 하지만, 둘 이상의 단문이 결합한 복문으로 이루어지기도 한다. 또한 복문으로 문장이 이루어질 때는 구성되는 방식에 따라 안은 문장과 이어진 문장으로 구분된다. 이렇듯 문장은 다양한 방식으로 확장되는데, 이러한 문장의 특성을 문장 확장(文章擴張, extension of sentence)이라고 한다.

9.2. 안은 문장

'안은 문장'은 말 그대로 하나의 단문이 다른 단문을 안고 있는 문장이다. 그리고 이때 안긴 문장은 전체 문장 속에서 하나의 성분과 같은 역할을 한다. 이러한 특징과 관련하여 안은 문장의 구조와 몇 가지 분류들을 살펴보자.

안은 문장의 구조와 분류

안은 문장(embedded sentence)은 '주어1 + 서술어1'의 문장이 '주어2 + 서술어2'의 문장을 안고 있는 복문을 말한다. 이때 '주어1 + 서술어1'을 안은 문장이라 하고, '주어2 + 서술어2'를 안긴 문장이라 한다. 이를 도식화하면 다음과 같다.

[주어1　[주어2 + 서술어2]　서술어1]

위의 도식에서 안긴 문장은 '서술어2'의 어미나 조사에 의해 종류가 달라진다. 예를 들어 용언 어간에 명사형 어미 '-기', '-(으)ㅁ'이 결합하면 명사절이 되고, 관형사형 어미 '-(으)ㄴ', '-(으)ㄹ', '-던'이 결합하면 관형절이 된다. 이때 절(節, clause)이란 주어와 서술어의 관계를 갖는 두 어절 이상의 구성을 말한다. 그리고 안긴 문장이 되는 절은 그 안에서 하나의 성분과 같은 역할을 한다. 안은 문장은 다음의 다섯 가지 절을 안은 종류로 나눌 수 있다.

안은 문장
- 명사절을 안은 문장
- 관형절을 안은 문장
- 부사절을 안은 문장
- 인용절을 안은 문장
- 서술절을 안은 문장

명사절

명사절(名詞節, noun clause)은 명사와 같이 주어, 목적어, 부
사어의 기능을 하는 절을 말한다. 명사절은 문장의 한 성분으로
안기는데, 서술어에 명사형 전성어미 '-(으)ㅁ', '-기' 혹은 통사
적 구성인 '-ㄴ 것'이 결합하여 형성된다. 다음의 예시를 보자.

(19) ㄱ. 윤기는 집에 <u>감</u>이 싫다.
　　 ㄴ. 집에 가<u>기</u>가 싫다.
　　 ㄷ. 집에 가<u>는 것</u>이 싫다.

(20) ㄱ. 윤기는 집에 <u>감</u>을 싫어한다.
　　 ㄴ. 집에 가<u>기</u>를 싫어한다.
　　 ㄷ. 집에 가<u>는 것</u>을 싫어한다.

(21) 윤기가 퇴근하<u>기</u>에 이른 시간이다.

(19)와 (20)에서 명사절은 '(윤기가) 집에 가다'이고, (21)에
서 명사절은 '윤기가 퇴근하다'이다. 위의 명사절은 서술어인
'가다', '퇴근하다'에 명사형 전성어미 '-(으)ㅁ', '-기'와 통사적
구성 '-ㄴ 것'이 결합하여 형성된다. 또한 (19)는 격조사 '이/가'
와 추가로 결합하여 주어로, (20)은 격조사 '을/를'과 결합하여
목적어로, (21)은 격조사 '에'와 결합하여 부사어로 기능하는
예이다.

한편 명사절의 '-(으)ㅁ', '-기'는 안은 문장의 서술어에 의해 선택된다. 다음은 '-(으)ㅁ', '-기'의 분포에 관한 예시이다.

(22) ㄱ. 지효는 태형이가 밥을 먹음을 보았다. / 알았다. (o)
     ㄴ. 지효는 태형이가 밥을 먹기를 보았다. / 알았다. (x)

(23) ㄱ. 지효는 태형이를 만나기가 싫었다. / 좋았다. (o)
     ㄴ. 지효는 태형이를 만남이 싫었다. / 좋았다. (x)

(22)의 경우 '-(으)ㅁ'이 선택되고, '-기'가 선택되지 않는 양상을 보인다. 반면 (23)에서는 '-기'가 선택되고, '-(으)ㅁ'이 선택되지 않는 양상을 보인다. 이처럼 명사절의 '-(으)ㅁ', '-기'는 안은 문장의 서술어에 따라 다른 분포 양상을 보인다.

> ## 더 알아보기: '-(으)ㅁ', '-기'의 분포
>
> 명사절의 '-(으)ㅁ', '-기'에 대한 분포 환경의 차이에 대해 '-(으)ㅁ' 과 '-기'의 의미 특성과 관련하여 설명하는 연구도 있다. 이 중 임홍빈 (1974)은 '-(으)ㅁ' 명사화가 [+존재], [+대상화]를, '-기' 명사화가 [-존 재], [-대상화]의 의미 특성을 갖는다고 하였다. 또한 심재기(1980)에서는 '-(으)ㅁ'과 '-기'의 의미에 대해, 전자를 [+결정성], 후자를 [-결정성]이라 고 하였다.

관형절

관형절(冠形節, determiner clause)은 관형사와 같이 관형어의 기능을 하는 절을 말한다. 관형절은 문장에서 체언을 수식하는 성분으로 안기는데, 용언 어간에 관형사형 전성어미 '-(으)ㄴ', '-(으)ㄹ', '-던'이 결합하여 형성된다. 다음의 예시를 보자.

(24) ㄱ. 태형이는 나연이가 먹는 음식을 보았다.
　　　ㄴ. 태형이는 나연이가 먹을 음식을 상상한다.
　　　ㄷ. 태형이는 나연이가 먹던 음식을 생각했다.

(24)는 관형절의 예인데, (24ㄱ)은 관형사형 어미 '-는', (24ㄴ)은 관형사형 어미 '-을', (24ㄷ)은 관형사형 어미 '-던'이 결합하여 각각 '나연이가 먹는', '나연이가 먹을', '나연이가 먹던'의 관형절이 형성된다.

한편 관형절은 관계 관형절과 보문 관형절로 다시 분류된다. 관계절(關係節)은 수식을 받는 피수식어와 동일한 수식어가 관형절 안에 있는 것이고, 보문절(補文節)은 이러한 동일 요소가 관형절 안에 없는 것이다. 다음의 예시를 보자.

(25) ㄱ. 윤기는 <u>지효가 먹는</u> 음식을 보았다.
　　　ㄴ. 우리는 <u>윤기가 지효를 싫어하는</u> 이유를 모른다.

(25ㄱ)은 관계 관형절이고, (25ㄴ)은 보문 관형절이다. (25ㄱ)의 문장은 '윤기는 음식을 보았다.'와 '지효가 음식을 먹는다.'로 나눌 수 있는데, 두 문장이 결합하면서 '지효가 음식을 먹는다.'의 문장은 '윤기는 음식을 보았다.'에 의해 변형된 형태인 '지효가 (음식을) 먹는'으로 안긴 것이 된다. 여기에서 안은 문장과 안긴 문장에는 동일 요소인 '음식'이 포함되어 있기 때문에 관계 관형절이 된다. 반면 (25ㄴ)의 문장은 '우리는 이유를 모른다.'와 '윤기가 지효를 싫어한다.'로 나눌 수 있다. 이때 나누어진 문장에서 안긴 문장인 '윤기가 지효를 싫어한다.'와 안은 문장인 '우리는 이유를 모른다.'에 동일 요소가 나타나지 않는다. 이처럼 동일 요소가 없는 관형절을 보문 관형절이라고 한다.

더 알아보기: 연계절

고영근(2018)에서는 연계절(連繫節)에 대해서도 언급하고 있는데, 예를 들어 '내가 안 가는 대신 아들을 보내겠소.'라는 문장에서 '내가 안 가는'과 같은 절이 이에 해당한다. 이때의 연계절은 관계절도 아니고 보문절도 아닌 특수한 부류지만, 굳이 따지자면 보문절에 더 가까운 부류라고 보고 있다. 여러 논의에서도 '뒤', '중', '앞', '다음', '대신' 등에 선행하는 관형사절은 다른 보문절과 성격이 다른 것으로 보고 있다.

부사절

부사절(副詞節, adverbial clause)은 부사와 같이 부사어의 기능을 하는 절을 말한다. 부사절은 문장에서 주로 용언을 수식하는 성분으로 안기는데, 용언 어간에 부사형 전성어미 '-이', '-게', '-도록' 등이 결합하여 형성된다. 이때 '-이'는 파생접사, '-게', '-도록'을 연결어미로 처리하기도 한다. 다음의 예시를 보자.

(26) ㄱ. 눈이 소리도 없이 내린다.
 ㄴ. 눈이 소리도 없게 내린다.
 ㄷ. 꽃이 잘 자라도록 돌봤다.

(26ㄱ)의 '소리도 없이', (26ㄴ)의 '소리도 없게', (26ㄷ)의 '꽃이 잘 자라도록' 등이 부사절인데, (26ㄱ)에는 '-이', (26ㄴ)에는 '-게', (26ㄷ)에는 '-도록'이 각각 어미로 결합하여 부사절을 형성하고 있다.

더 알아보기: 부사절을 안은 문장과 종속적으로 이어진 문장

'부사절을 안은 문장'과 '종속적으로 이어진 문장'에 대해 모두 부사절을 안은 문장에 포함하여 설명하는 논의도 있다. 하지만 학교 문법에서는 이를 구분하여 설명하고 있으며, 고영근(2018)에서도 이 둘의 차이에 대해 언급하고 있다. 먼저 이 둘은 위치 이동의 용이성에서 차이가 난다고 보고 있다. 종속적으로 이어진 문장은 문장 내에서의 위치 이동이 자유로우나, 부사절을 안은 문장은 상대적으로 덜 자유롭다는 것이다. 다음으로 시제 관련 선어말어미의 결합 가능성에 대한 차이를 들고 있다. 종속적으로 이어진 문장은 시제와 관련한 선어말어미와의 결합이 비교적 자유로우나, 부사절을 안은 문장은 이러한 결합이 어렵다고 보는 것이다. 또한 종속적으로 이어진 문장과 부사절을 안은 문장은 선행절과 후행절의 주어와 관련하여 차이가 나타나는 것으로 보고 있다.

인용절

인용절(引用節, quotative clause)은 사람의 말을 직접 인용하거나, 간접 인용하여 완결된 문장의 형태로 안은 문장에 안겨 부사어의 기능을 하는 절을 말한다. 주로 서술어를 수식하는 부사어로 기능하는데, 인용한 문장에 인용조사인 '라고', '고'가 결합하여 인용절이 형성된다. 다음의 예시를 보자.

(27) ㄱ. 태형이는 "어머니는 아름답다"라고 말했다.
　　　ㄴ. 태형이는 어머니는 아름답다고 생각한다.

(27ㄱ)과 (27ㄴ)은 모두 '어머니는 아름답다'가 인용절로 안긴 문장이다. (27ㄱ)에서는 직접 인용조사인 '라고'가, (27ㄴ)에서는 간접 인용조사인 '고'가 결합하여 인용절을 형성하고 있다.

서술절

서술절(敍述節, predicate clause)은 서술어로 기능하는 절을 말한다. 주어와 서술어의 구조가 있고, 서술어 안에 다시 주어와 서술어의 관계가 나타나는 경우이다. 다음의 예시를 보자.

(28) ㄱ. 코끼리는 코가 길다.
　　　ㄴ. 토끼는 앞발이 짧다.

(28ㄱ)을 보면 '코끼리는'은 주어이고, '코가 길다'는 서술어이다. 이때 서술어인 '코가 길다'는 다시 주어인 '코가'와 서술어인 '길다'로 이루어져 있다. 이와 마찬가지로 (28ㄴ)에서 서술어인 '앞발이 짧다'에는 주어인 '앞발이'와 서술어인 '짧다'가 나타난다. 이처럼 서술어 안에 '주어 + 서술어'의 관계가 나타나는 절이 바로 서술절이다.

9.3. 이어진 문장

'이어진 문장'은 말 그대로 하나의 단문이 다른 단문과 이어져 있는 구조의 문장이다. 또한 이어진 문장은 이어지는 방식에 따라 종류가 나뉜다. 이러한 특징과 관련하여 이어진 문장의 구조와 몇 가지 분류들을 살펴보자.

이어진 문장의 구조와 분류

이어진 문장(conjunctive sentence)은 '주어1 + 서술어1'의 문장이 '주어2 + 서술어2'의 문장에 이어져 있는 복문이다. 이를 도식화하면 다음과 같다.

> [주어1 + 서술어1], [주어2 + 서술어2]

위의 도식에서 '주어1 + 서술어1'의 문장과 '주어2 + 서술어2'의 문장은 연결어미에 의해 이어진다. 더불어 이어진 문장은 연결어미에 따라 종류가 달라진다. 예를 들어 연결어미 '-고'가 연결되면 대등하게 이어진 문장이 되고, 연결어미 '-니'가 연결되면 종속적으로 이어진 문장이 되는 것이다. 이어진 문장은 다음 세 가지의 종류로 분류된다.

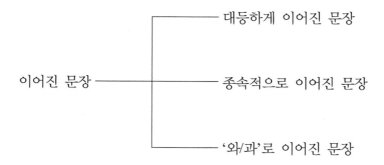

이어진 문장 ─── 대등하게 이어진 문장
　　　　　　　　─── 종속적으로 이어진 문장
　　　　　　　　─── '와/과'로 이어진 문장

대등하게 이어진 문장

대등하게 이어진 문장은 주절과 종속절 사이에 연결어미 '-고', '-(으)나', '-지만' 등이 연결되어 형성된 문장이다. 다음의 예시를 보자.

(29) ㄱ. 나연이는 집에 가고, 윤기는 공원에 갔다.
　　 ㄴ. 나연이는 집에 갔으나, 윤기는 공원에 갔다.
　　 ㄷ. 나연이는 집에 갔지만, 윤기는 공원에 갔다.

(29ㄱ)은 연결어미 '-고', (29ㄴ)은 '-(으)나', (29ㄷ)은 '-지만'이 결합하여 앞의 절과 뒤의 절이 대등하게 이어져 있다. 대등하게 이어진 문장은 서로 독립적이기 때문에 앞의 절과 뒤의 절의 위치를 서로 바꿔도 의미가 달라지지 않는다.

종속적으로 이어진 문장

종속적으로 이어진 문장은 주절과 종속절 사이에 연결어미 '-(으)니', '-(으)려고', '-(으)면' 등이 연결되어 형성된 문장이다. 주로 주절에는 원인, 의도, 조건 등의 의미를 갖는 연결어미가 나타난다. 다음의 예시를 보자.

(30) ㄱ. 비가 오니, 땅이 젖었다.

　　　ㄴ. 지효는 태형이를 찾으려고, 온 집안을 둘러 봤다.

　　　ㄷ. 가뭄이 해소되려면, 비가 내려야 한다.

　(30ㄱ)은 연결어미 '-(으)니', (30ㄴ)은 '-(으)려고', (30ㄷ)은 '-(으)면'이 결합하여 앞의 절과 뒤의 절을 종속으로 이어 주고 있다. 종속적으로 이어진 문장은 서로 독립적이지 않고, 영향을 주고 받는 관계에 있기 때문에 앞과 뒤의 절의 위치를 바꿀 수 없다. 예를 들어 (30ㄱ)의 문장을 '땅이 젖으니, 비가 왔다.'의 어순으로 바꾸는 것은 불가능하다.

'와/과'로 이어진 문장

　'와/과'로 이어진 문장은 체언과 체언이 접속조사로 연결되어 있는 문장이다. 공동격조사 '와/과'로 연결된 문장은 두 개의 문장으로 나눌 수 없는 단문인데, 접속조사로 연결된 문장은 두 개의 문장으로 나눌 수 있는 복문이다. 다음의 예시를 보자.

(31) ㄱ. 태형이와 윤기는 얼굴이 매우 닮았다.

　　　ㄴ. 태형이와 윤기는 학교에 갔다.

　(31ㄱ)은 공동격조사 '와'로 연결되어 있고, (31ㄴ)은 접속조

사 '와'로 연결되어 있다. 이러한 구분은 서술어의 특성에 의해 구별할 수 있는데, (31ㄱ)의 '닮다'는 비교할 수 있는 대상이 같은 성분으로 묶여야 하고, (31ㄴ)의 '가다'는 가는 대상을 따로 분리할 수 있는 특성이 있다. 결국 (31ㄱ)은 단문이고, (31ㄴ)은 '와/과'로 이어진 문장이다.

마무리하기

· 문장과 문장이 결합하며, 기본적인 문장에서 보다 복잡한 문장으로 구성되는 것을 문장 확장(文章擴張, extension of sentence)이라고 한다.

· 주어와 서술어의 관계가 한 번 나타나는 문장을 단문(單文, simple sentence) 혹은 홑문장이라 하고, 둘 이상 나타나는 문장을 복문(複文, complex sentence) 혹은 겹문장이라고 한다.

· 복문은 문장이 다른 문장을 안고 있는 안은 문장(embedded sentence) 과 문장과 문장이 이어져 있는 이어진 문장(conjunctive sentence)으로 나눌 수 있다.

· 안은 문장은 '주어1 + 서술어1'의 문장이 '주어2 + 서술어2'의 문장을 안고 있는 복문이다. 이때 '주어1 + 서술어1'을 안은 문장이라 하고, '주어2 + 서술어2'를 안긴 문장이라 한다.

· 안은 문장은 명사절을 안은 문장, 관형절을 안은 문장, 부사절을 안은 문장, 인용절을 안은 문장, 서술절을 안은 문장으로 나뉜다.

· 명사절(名詞節, noun clause)은 명사와 같이 주어, 목적어, 부사어의 기능을 하는 절을 말한다. 명사절은 문장의 한 성분으로 안기는데, 서술어에 명사형 전성어미 '-(으)ㅁ', '-기' 혹은 통사적 구성인 '-ㄴ 것'이 결합하여 형성된다.

· 관형절(冠形節, determiner clause)은 관형사와 같이 관형어의 기능을 하는 절을 말한다. 관형절은 문장에서 체언을 수식하는 성분으로 안기는데, 용언 어간에 관형사형 전성어미 '-(으)ㄴ', '-(으)ㄹ', '-던'이 결합하여 형성된다.

- 부사절(副詞節, adverbial clause)은 부사와 같이 부사어의 기능을 하는 절을 말한다. 부사절은 문장에서 주로 용언을 수식하는 성분으로 안기는데, 용언 어간에 부사형 전성어미 '-이', '-게', '-도록' 등이 결합하여 형성된다.

- 인용절(引用節, quotative clause)은 사람의 말을 직접 인용하거나, 간접 인용하여 완결된 문장의 형태로 안은 문장에 안겨 부사어의 기능을 하는 절을 말한다. 주로 서술어를 수식하는 부사어로 기능하는데, 인용한 문장에 인용조사인 '라고', '고'가 결합하여 인용절이 형성된다.

- 서술절(敍述節, predicate clause)은 서술어로 기능하는 절을 말한다. 주어와 서술어의 구조가 있고, 서술어 안에 다시 주어와 서술어의 관계가 나타난다.

- 이어진 문장은 '주어1 + 서술어1'의 문장이 '주어2 + 서술어2'의 문장과 이어져 있는 복문이다.

- 이어진 문장은 대등하게 이어진 문장, 종속적으로 이어진 문장, '와/과'로 이어진 문장으로 분류된다.

- 대등하게 이어진 문장은 주절과 종속절 사이에 연결어미 '-고', '-(으)나', '-지만' 등이 연결되어 형성된 문장이다.

- 종속적으로 이어진 문장은 주절과 종속절 사이에 연결어미 '-(으)니', '-(으)려고', '-(으)면' 등이 연결되어 형성된 문장이다.

- '와/과'로 이어진 문장은 체언과 체언이 접속조사로 연결되어 있는 문장이다.

제10장 높임 표현

10.1. 높임의 개념

한국어의 통사적 특성 중 하나인 높임 표현은 언어 생활에 밀접한 문법 이론이다. 따라서 한국어를 공부하는 입장에서는 그 개념과 몇 가지 유형들을 알아 둘 필요가 있다.

높임

한국어 화자의 경우 일반적인 언어 생활에서 다른 사람을 공경하는 표현을 자주 사용하게 된다. 이는 어떤 대상을 얘기하거나 혹은 어떤 대상과 얘기할 때, 그 대상이 본인보다 나이나 지위가 높을 경우 나타나는 특징이다. 이러한 한국어의 특징을 높임(honorific), 높임말, 높임 표현 등으로 부르는데, 이를 보다 규범적인 문법 체계 속에서 이야기할 때는 높임법이라고 말한다.

높임의 유형

한국어의 높임 표현에는 크게 주체 높임(subject honorific), 객체 높임(object honorific), 상대 높임(relative Relative)의 세 가지가 있다. 이들은 문장 속 혹은 대화 상황에서 어떠한 대상을 높여야 하는지에 따라 구분된다. 우선 주체 높임은 문장에서의 주체 즉 주어로 사용된 대상을 높이는 높임 표현이다. 또한 객체 높임은 문장에서의 객체 즉 목적어 혹은 부사어로 사용된 대상을 높이는 높임 표현이다. 한편 상대 높임은 문장 속에 나타나는 특정 대상이 아닌, 대화 상황에서 본인의 말을 듣고 있는 상대방을 높여 부를 때 사용하는 높임 표현을 말한다.

10.2. 주체 높임

'주체 높임'은 문장에서 주어로 사용된 대상을 높이는 표현 방법이다. 주체 높임을 실현시키는 방법은 선어말어미 '-(으)시-', 주격조사 '께서'와 몇 가지 어휘들을 사용하는 것이다.

선어말어미 '-(으)시-'

주체 높임을 표현할 때는 선어말어미 '-(으)시-'가 필수적으로 사용된다. 다음의 예시를 보자.

(32) ㄱ. 아버지가 집에 <u>오신다</u>.

　　　ㄴ. 어머니가 책을 <u>읽으신다</u>.

　(32)는 주체 높임이 사용된 예이다. 이때의 주체 높임은 각 각의 서술어 '오신다'와 '읽으신다'가 문장의 주체인 '아버지' 와 '어머니'를 높이는 표현으로 사용되면서 실현된다. (32ㄱ) 의 '오신다'는 기본형 '오다'에 주체 높임의 선어말어미 '-(으) 시-'가 붙은 후 현재 시제를 나타내는 선어말어미인 '-ㄴ-'이 덧붙은 형태이며, (31ㄴ)의 '읽으신다'는 기본형 '읽다'에 주체 높임의 선어말어미 '-(으)시-'가 붙은 후 마찬가지로 현재 시제 의 선어말어미인 '-ㄴ-'이 덧붙은 형태이다. 이처럼 주체 높임 을 표현할 때는 서술어의 기본형에 선어말어미 '-(으)시-'가 결 합된다.

주격조사 '께서'

　주체 높임은 주체 높임의 선어말어미인 '-(으)시-' 외에도 주 격조사 '께서'의 사용을 통해서 표현된다. 다만 주체 높임을 표 현할 때 선어말어미 '-(으)시-'가 필수적으로 사용되는 반면, '께 서'는 선택적으로 사용된다는 점에서 차이가 있다. 다음의 예시 를 보자.

(33) ㄱ. 선생님의 말씀을 하신다.

ㄴ. 선생님께서 말씀을 하신다.

(33)은 문장의 주체인 '선생님'을 높이는 주체 높임 표현의 예이다. 이는 서술어의 '하신다'를 통해 나타나는데, 이때 '하신다'는 기본형 '하다'에 주체 높임의 선어말어미 '-(으)시-'와 현재 시제의 선어말어미 '-ㄴ-'가 결합한 형태이다. 한편 이러한 주체 높임은 주어에 사용된 조사를 통해서도 표현된다. (33ㄴ)에서 사용된 '께서'가 대표적인 주체 높임의 주격조사이며, 이때 '께서'는 (33ㄱ)의 '이/가'를 대체하는 것이다. 다만 (33ㄱ)의 '선생님이 말씀을 하신다'와 같이 주체 높임의 표현에서 반드시 '께서'를 사용해야 하는 것은 아니다. 서술어에 주체 높임의 선어말어미 '-(으)시-'가 사용되었다면, 주격조사를 반드시 '께서'로 사용하지 않아도 주체 높임은 실현되는 것으로 본다. 물론 보다 공손한 표현을 하고자 할 때에는 주격조사 '께서'를 함께 사용하는 것이 바람직할 것이다.

주체 높임의 어휘

한국어에는 그 자체로도 주체 높임의 기능을 갖게 되는 몇 가지 어휘들이 존재한다. 다음의 예시를 보자.

(34) ㄱ. 밥/진지, 말/말씀, 나이/연세, 집/댁, …

　　　ㄴ. 있다/계시다, 자다/주무시다, 먹다/잡수시다, 아프다/
　　　　 편찮으시다, …

　(34)는 주체 높임을 나타내는 어휘들이다. 이들은 일반적인 문
장에서 기존의 어휘들로 사용되지만, 높임의 대상과 연관 지어
사용할 때는 높임의 어휘로 교체된다. 예컨대 '할아버지께서 밥
을 먹는다.'라는 문장의 경우 주체인 '할아버지'를 높이기 위해서
는 서술어인 '먹는다'를 주체 높임의 선어말어미 '-(으)시-'와 결
합하여, '할아버지께서 밥을 먹으신다.' 정도로 표현할 수 있을
것이다. 그런데 이때 '먹다'라는 단어는 '잡수시다'라는 주체 높
임의 어휘와 대응한다. 따라서 이 경우 기존 어휘에 선어말어미
-(으)시-'를 결합하는 것보다 어휘 자체를 주체 높임의 어휘로 교
체하여, '할아버지께서 밥을 잡수신다.'라고 표현하는 것이 더욱
올바른 높임 표현이 된다. 나아가 높임 표현을 보다 강조하기 위
해서는 목적어로 사용된 '밥'을 주체 높임 어휘인 '진지'로 바꿔
사용할 수 있다. 이 경우 '할아버지께서 진지를 잡수신다.'라는
하나의 완성된 주체 높임의 문장이 된다.

더 알아보기: 간접 높임과 사물 높임

한국어의 주체 높임 표현 중에는 '간접 높임'과 '사물 높임'이라는 조금 특이한 경우가 존재한다. 간접 높임이란 주체와 관련된 신체, 소유물에 주체 높임의 선어말어미 '-(으)시-'가 붙어서 주체를 간접적으로 높이는 표현이다. 이와 달리 사물 높임은 주체와 직접적으로 관련되지 않은 사물을 높이는 표현을 말한다. 다음의 예시를 보자.

　　a. 할아버지는 수염이 많으시다.
　　b. 손님, 3천 원이십니다.

a는 '할아버지'가 아닌 할아버지의 '수염'을 높임으로써 주체인 '할아버지'를 간접적으로 높이고 있다. 이와 같은 경우를 간접 높임이라고 한다. 한편 b에서는 주체인 '손님'과 관련되지 않는 '3천 원'을 높이고 있는데, 이러한 경우가 바로 사물 높임의 예이다. 그런데 한국어에서 간접 높임은 결과적으로 주체에 대한 공경의 표현이 되기 때문에 주체 높임의 범주에 포함되지만, 사물 높임은 주체에 대한 높임과는 관계가 없기 때문에 주체 높임에 포함되지 않을뿐더러, 올바른 높임 표현으로 보지도 않는다.

10.3. 객체 높임

'객체 높임'은 문장에서 목적어 혹은 부사어로 사용된 대상을 높이는 표현 방법이다. 객체 높임을 실현시키는 방법은 부사격 조사 '께'와 몇 가지 어휘들을 사용하는 것이다.

부사격조사 '께'

객체 높임의 경우는 주체 높임과 달리 현대 한국어에서 이를 표현하는 선어말어미가 존재하지 않는다. 따라서 한국어의 객체 높임은 선어말어미로 실현되지 않고, 부사격조사 '께'에 의해 실현된다. 다음의 예시를 보자.

(35) ㄱ. 태형아, 선생님<u>에게</u> 이것 좀 전해줘.
　　 ㄴ. 태형아, 선생님<u>께</u> 이것 좀 전해줘.

(35ㄱ)은 일반적인 표현 방법으로, 객체인 '선생님'을 높이고 있지 않다. 반면 (35ㄴ)은 '선생님'에 붙은 부사격조사 '에게'를 '께'로 고친 것인데, 이때 부사격조사에 해당되는 '께'는 객체를 높여 부르는 기능을 한다. 따라서 이 경우 객체인 '선생님'을 높이는 표현이 된다. 즉 부사격조사 '께'는 부사격조사 '에게'와 대응하는 객체 높임의 조사인 것이다. 따라서 객체 높임의 표현에서는 부사격조사 '에게'가 '께'로 교체된다.

객체 높임의 어휘

객체 높임은 주체 높임과 달리 이를 표현할 선어말어미가 없기 때문에 주로 몇 가지의 어휘들을 사용하여 표현하는 것이 일반적이다. 다음의 예시를 보자.

(36) 주다/드리다, 묻다/여쭙다, 보다/뵙다, 데리다/모시다, …

  (36)은 객체 높임을 나타내는 어휘들이다. 주체 높임의 어휘들과 마찬가지로 일반적인 문장에서는 기존의 어휘들이 사용되지만, 높임의 대상과 연관 지어 사용할 때는 교체된다. 가령 '할아버지에게 물을 주다.'라는 문장에서 객체인 '할아버지'를 높이기 위해서는 부사격조사 '에게'를 객체 높임의 부사격조사인 '께'로 바꿔 '할아버지께 물을 주다.' 정도로 표현할 수 있을 것이다. 나아가 높임 표현을 보다 강조하기 위해서 서술어로 사용된 '주다'에 대응하는 객체 높임 어휘인 '드리다'를 사용할 수 있다. 이 경우 '할아버지께 물을 드리다.'라는 하나의 완성된 객체 높임의 문장이 만들어진다.

10.4. 상대 높임

  '상대 높임'은 대화 상황에서 본인의 말을 듣고 있는 상대방을 높이거나, 낮추는 표현 방법이다. 상대 높임의 경우 종결어미에 의해 실현되며, 다른 높임 표현과 달리 높임의 정도에 따라 등급이 나뉜다.

상대 높임 체계

상대 높임은 주체 높임 혹은 객체 높임과 달리 일정한 등급 체계 안에서 높임의 정도가 구분된다는 특징이 있다. 이때의 등급은 '하십시오체', '해요체', '하오체', '하게체', '해체', '해라체' 등의 총 여섯 가지로 나뉜다. 이들은 모두 동사 '하다'의 명령형에서 따온 것이며, 문장 유형에 따라 특정한 종결어미를 사용하여 다른 형태로 나타난다. 이러한 상대 높임의 체계를 정리하면 다음과 같다.

	평서문	의문문	명령문	청유문
하십시오체	합니다.	합니까?	하십시오.	-
해요체	해요.	해요?	해요.	해요.
하오체	하오.	하오?	하오.	합시다.
하게체	하네.	하는가?	하게.	하세.
해체	해.	해?	해.	해.
해라체	한다.	하니?	해라.	하자.

우선 가장 낮은 등급인 '해라체'의 경우 주로 하대할 수 있는 상대에게 사용하는 표현 방법이며, 문어체에서는 일반적인 독자들을 대상으로 사용하기도 한다. '해체'의 경우 친한 친구 사이의 관계에서 '해라체'와 구분 없이 자주 사용되는 표현 방법이다. '하게체'는 아랫사람인 청자에게 사용하는 표현 방법이며, 아랫사람이 주로 성인 남성에 해당할 경우 사용된다. '하오체'

는 현대 한국어에서 거의 사용되지 않는 표현으로, 보통 아랫사람인 청자를 정중히 대우해 줄 때 사용된다. 현대 한국어에서는 그나마 편지글을 통해 확인할 수 있다. '해요체'는 청자가 화자보다 윗사람이거나 윗사람이 아니더라도 정중하게 대해야 하는 경우에 사용하는 높임 표현이다. 오늘날 가장 보편적으로 사용되는 상대 높임의 표현 방법이다. '하십시오체'는 청자를 가장 정중히 대우하는 상대 높임 방법으로, 청자가 화자보다 윗사람일 경우에 사용한다.

격식체와 비격식체

여섯 등급의 상대 높임 표현들은 다시 '격식체'와 '비격식체'로 구분할 수 있다. 이때 격식체란 사회적인 규범에 따라 개인적인 선택의 여지 없이 사용되는 상대 높임의 용법을 말하며, 비격식체란 상대방에 대한 개인적인 감정 혹은 태도에 따라 개인적으로 문체를 선택하여 사용할 수 있는 상대 높임의 용법을 말한다. 상대 높임 표현 중 격식체에 해당하는 것은 '해라체', '하게체', '하오체', '하십시오체'이며, 비격식체에 해당하는 것은 '해체', '해요체'이다. 이를 간단하게 정리하면 다음과 같다.

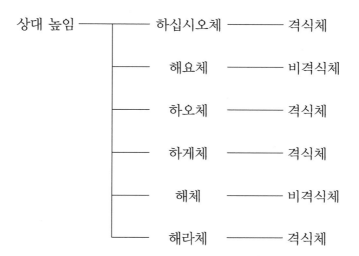

더 알아보기: 겸양 표현

한국어에는 높임 표현과 반대로 자기 자신을 낮추는 표현이 존재한다. 이를 '겸양 표현'이라고 한다. 이러한 겸양 표현은 선어말어미 '-옵-', '-(으)오-', '-사오-' 등에 의해 표현된다. 다음의 예시를 보자.

a. 부디 천천히 가시옵소서.
b. 다름이 아니오라 …
c. 말씀이 있사오니 …

a는 '-옵-', b는 '-(으)오-', c는 '-사오-'가 사용된 겸양 표현이다. 이들은 모두 화자 본인을 낮추는 표현이 된다. 또한 겸양 표현은 몇 가지 어휘들에 의해서도 실현되는데, 가장 대표적으로 '나', '우리' 대신 '저', '저희' 등을 사용하는 것이 이에 해당한다.

마무리하기

- 높임(honorific)은 일반적인 언어 생활에서 다른 사람을 공경할 때 사용하는 표현으로, 어떤 대상을 얘기하거나 혹은 어떤 대상과 얘기할 때, 그 대상이 본인보다 나이나 지위가 높을 경우 나타나는 특징이다.

- 한국어의 높임 표현에는 주체 높임(subject honorific), 객체 높임(object honorific), 상대 높임(relative Relative)의 세 가지가 있다.

- 주체 높임은 문장에서의 주체 즉 주어로 사용된 대상을 높이는 표현 방법이다.

- 한국어에서 주체 높임을 표현하는 방법으로는 선어말어미 '-(으)시-', 주격조사 '께서'가 대표적이며, 몇 가지 어휘들에 의해서도 나타난다.

- 객체 높임은 문장에서의 객체 즉 목적어 혹은 부사어로 사용된 대상을 높이는 표현 방법이다.

- 한국어에서 객체 높임을 표현하는 방법으로는 부사격조사 '께'가 있으며, 주로 객체 높임을 나타내는 어휘들에 의해서 표현된다.

- 상대 높임은 문장 속에 나타나는 특정 대상이 아닌, 대화 상황에서 본인의 말을 듣고 있는 상대방을 높여 부를 때 사용하는 높임 표현이다.

- 상대 높임에는 총 여섯 등급의 체계가 있으며, 가장 낮은 등급인

'해라체'부터 '해체', '하게체', '하오체', '해요체', '하십시오체'가
이에 해당한다.

· 상대 높임은 '격식체'와 '비격식체'로 구분되는데, 격식체는 사회적
인 규범에 따라 개인적인 선택의 여지 없이 사용되는 상대 높임의 용
법을 말하며, 비격식체는 상대방에 대한 개인적인 감정 혹은 태도에
따라 개인적으로 문체를 선택하여 사용 할 수 있는 상대 높임의 용법
을 말한다.

· 상대 높임의 여섯 등급 중 '해체', '해요체'는 비격식체이며, 나머지
'해라체', '하게체', '하오체', '하십시오체'는 격식체에 해당한다.

제11장 시간 표현

11.1. 시제와 상의 개념

한국어의 시간 표현에는 '시제'와 '상'이 있다. 시제는 어떤 상황에 대한 시간적 위치를 나타내는 문법 범주이며, 상은 어떤 상황의 내적 시간 구성을 나타내는 문법 범주이다. 여기에서는 시제와 상에 대한 개념과 그 종류들에 대해 살펴보자.

시제

일반적으로 모든 언어는 화자가 얘기하는 내용의 시간적 상황에 따라 표현 방법이 달라진다. 즉 화자가 얘기하는 시점을 기준으로 현재의 일을 얘기할 때와 과거의 일을 얘기할 때, 그리고 미래의 일을 얘기할 때의 표현 방법이 다른 것이다. 이때 화자가 얘기하는 시점을 기준으로 그 상황에 대한 시간적 위치를 나타내는 문법 범주를 시제(時制, tense) 혹은 시제 표현이라고 한다.

한국어뿐만 아니라 일반적인 언어에 있어서 시제는 크게 현재 시제(現在時制, the present tense), 과거 시제(過去時制, the past tense), 미래 시제(未來時制, the future tense)로 구분된다. 현재 시제는 말의 내용이 화자가 얘기하는 시점과 일치하는 경우이고, 과거 시제는 말의 내용이 화자가 얘기하는 시점보다 앞선 경우이며, 미래 시제는 말의 내용이 화자가 얘기하는 시점보다 뒤에 있는 경우이다. 다음의 예시를 보자.

(37) ㄱ. 나연이는 사과를 먹는다.
ㄴ. 나연이는 사과를 먹었다.
ㄷ. 나연이는 사과를 먹을 예정이다.

(37ㄱ)에서 나연이가 사과를 먹는 상황의 시간은 발화 시점과 일치한다. 따라서 이는 현재 시제의 표현이다. 반면 (37ㄴ)에서 나연이가 사과를 먹던 상황의 시간은 발화 시점보다 앞서 일어난 일이다. 따라서 이는 과거 시제의 표현이다. 한편 (37ㄷ)에서 나연이가 사과를 먹을 상황은 아직 일어나지 않은 일이다. 발화한 시점을 기준으로 이후에 일어날 일을 말하고 있는 것이기 때문이다. 따라서 이는 미래 시제가 표현된 것이다.

상

상(相, aspect)이란 어떤 상황의 내적 시간 구성을 나타내는 문법 범주이다. 이때 내적 시간 구성이라는 것은 진행이나 완료와 같은 동작의 양상을 뜻한다. 한국어에는 내적 시간 구성을 나타내는 용법으로, 진행상(進行相, progressive aspect)과 완료상(完了相, perfect aspect)이 있다. 진행상은 어떤 상황이 특정 구간 내에서 계속되고 있음을 나타내고, 완료상은 어떤 사건이 이미 끝났음을 나타내는 것이다. 다음의 예시를 보자.

(38) ㄱ. 해가 뜬다.
ㄴ. 해가 떴다.

(38ㄱ)의 문장은 해가 뜨고 있는 사건의 진행을 뜻한다. 즉 이 경우 해가 뜨는 상황이 지속되고 있음을 나타내기 때문에 진행상의 예가 된다. 반면 (38ㄴ)의 문장은 해가 뜬 사건의 결과를 뜻한다. 즉 이 경우 해가 떴다는 상황의 완료를 나타내기 때문에 완료상의 예가 된다.

11.2. 시제

한국어의 시제 표현에는 '현재 시제', '과거 시제', '미래 시제'가 있다. 이러한 시제 표현은 특정한 선어말어미 혹은 관형사형어미에 의해 실현된다. 여기에서는 각각의 시제 표현의 실현 양상을 살펴보자.

현재 시제

한국어의 현재 시제(現在時制, the present tense)는 선어말어미 '-는/ㄴ-', '-∅-'에 의해 표현된다. 이때 '-는/ㄴ-'은 동사에만 실현되며, 형용사에는 '-∅-'가 실현된다. 다음의 예시를 보자.

(39) ㄱ. 윤기가 사과를 <u>먹는다</u>.
ㄴ. 윤기가 하늘을 <u>본다</u>.
ㄷ. 윤기는 키가 <u>크다</u>.

(39)에서 얘기되는 상황은 발화 시점과 일치한다. 즉 이들은 모두 현재 시제의 문장이다. 그리고 이때 위의 문장이 현재 시제로 표현되는 이유는 선어말어미 '-는/ㄴ-'과 '-∅-'이 사용되었기 때문이다. (39ㄱ)은 동사의 기본형 '먹다'에 선어말어미 '-는-'이, (39ㄴ)에서는 동사의 기본형 '보다'에 선어말어미 '-ㄴ-'이, (39ㄷ)에서는 형용사의 기본형 '크다'에 '-∅-'가 결합하여 현재 시제가 표현된 것이다. 이때 '-는/ㄴ-'은 항상 '-는/ㄴ- + -다'의 형태로만 나타나는데, 이러한 점에서 '-는/ㄴ-'을 따로 분석해 떼어 내지 않고, '-는다/-ㄴ다'를 하나의 어미로 보기도 한다.

한편 한국어의 현재 시제는 관형사형 어미 '-는'으로도 표현된다. 다음의 예시를 보자.

(40) 저기 <u>가는</u> 사람은 누구지?

(40)에서의 상황 역시 발화 시점과 일치한다. 즉 이는 현재 시제의 문장이다. 그리고 이때의 현재 시제는 동사 '가다'의 어간 '가-'에 관형사형 어미 '-는'이 결합하여 실현된다. 한편 이처럼 관형사형 어미 '-는'에 의해 현재 시제가 표현될 경우 현재 진행의 의미도 같이 포함하게 된다.

과거 시제

한국어의 과거 시제(過去時制, the past tense)는 선어말어미 '-았/었-', '-았었/었었-', '-더-' 등에 의해 표현된다. 다음의 예시를 보자.

(41) ㄱ. 태형이가 편지를 <u>받았다</u>.
　　　ㄴ. 태형이가 가장 잘 <u>뛰었다</u>.

(42) ㄱ. 그가 나보다 이곳에 먼저 <u>왔었다</u>.
　　　ㄴ. 그가 나보다 일찍 밥을 <u>먹었었다</u>.

(43) 제주도는 바람이 많이 <u>불더라</u>.

(41ㄱ)에서 태형이가 편지를 받은 상황과 (41ㄴ)에서 태형이가 뛰었던 상황은 모두 발화 시점보다 앞서 일어난 일이다. 즉 이들은 모두 과거 시제의 문장이다. 이처럼 말의 내용이 화자

가 말하는 시점보다 앞에 있는 경우 서술어로 쓰이는 용언의 기본형에 선어말어미 '-았/었-'이 붙는다. (41ㄱ)의 '받았다'는 기본형 '받다'에 선어말어미인 '-았-'이, (41ㄴ)의 '뛰었다'는 기본형 '뛰다'에 선어말어미인 '-었-'이 붙은 형태이다. 그리고 이때 '-았/었-'은 앞 말의 받침 유무에 따라 교체되어 사용된다.

(42ㄱ)도 마찬가지로 그가 온 상황이 발화 시점보다 앞서 일어난 일이며, (42ㄴ)에서 그가 밥을 먹은 상황 또한 발화 시점보다 앞서 일어난 일이다. 때문에 이들 역시 과거 시제의 문장이다. 다만 이 경우 선어말어미 '-았/었-' 대신 '-았었/었었-'이 나타난다는 차이가 있다. (43)의 문장 역시 제주도에 바람이 불었던 상황이 발화 시점보다 앞서 일어난 일이기 때문에 과거 시제의 문장이다. 이때는 선어말어미 '-더-'가 사용되는데, '불더라'는 기본형 '불다'에 선어말어미 '-더-'가 결합한 것이다.

한편 한국어의 과거 시제는 관형사형 어미 '-은/ㄴ', '-던'으로도 표현된다. 다음의 예시를 보자.

(44) ㄱ. 내가 <u>겪은</u> 일을 너도 겪게 되었구나.
　　 ㄴ. 내가 <u>한</u> 일을 너도 하게 되었구나.

(45) 너가 <u>쓰던</u> 책을 내가 보관하고 있다.

(44ㄱ)의 '겪은'은 기본형 '겪다'의 어간 '겪-'에 관형사형 어

미 '-은'이 결합한 예이다. 이 경우 발화 시점을 기준으로 보다 과거에 있었던 일을 나타낸다. 마찬가지로 (44ㄴ)의 '한'은 기본형 '하다'의 어간 '하-'에 관형사형 어미 '-ㄴ'이 쓰여 과거 시제를 표현한다. 이때 관형사형 어미 '-은/ㄴ'은 결합하는 용언 어간의 받침 유무에 따라 교체된다.

(45)의 '쓰던'은 기본형 '쓰다'의 어간 '쓰-'에 관형사형 어미 '-던'이 결합한 예이다. 앞서 관형사형 어미 '-은/ㄴ'이 과거 시제를 표현했던 것과 같이 '-던'도 과거 시제를 표현한다. 이때 '-은/ㄴ'과 '-던'은 동사에 모두 쓰이지만, 형용사에는 '-던'만 한정적으로 쓰인다.

더 알아보기: 과거 시제 선어말어미 '-았었/었었-'

한국어의 과거 시제에는 조금 특이한 용법이 있다. 바로 과거의 시점보다 더 과거의 일을 나타낼 수 있다는 것이다. 이를 보통 '대과거' 혹은 '과거 완료'라고 말하는데, 이러한 용법은 선어말어미 '-았었/었었-'에 의해 표현된다. 다음의 예시를 보자.

a. 그가 나보다 이곳에 먼저 왔었다.
b. 그가 나보다 일찍 밥을 먹었다.

a에서 '나'가 이곳에 온 상황은 발화 시점보다 앞선 과거의 일이다. 동시에 '그'가 이곳에 온 상황은 내가 이곳에 왔다는 과거의 일보다 더 앞서 이루어진 일로 봐야 한다. 즉 '그'의 행동 시점은 '나'의 과거

행동보다 더 과거로 표현해야 하는 것이다. 이 경우 기본형 '오다'에 과거 시제 선어말어미 '-았었-'이 붙은 '왔었다'의 형태가 사용된다. 이와 마찬가지로 b에서 '그'가 밥을 먹은 상황은 내가 밥을 먹은 과거의 상황보다 더 이전에 일어난 것이다. 따라서 이 경우도 기본형 '먹다'에 선어말어미 '-었었-'이 붙은 '먹었었다'의 형태가 사용된다. 이처럼 과거의 상황보다 더 이전의 상황에 대한 시간적 위치를 나타내기 위해서는 선어말어미 '-았었/었었-'이 사용된다.

더 알아보기: 과거 시제 선어말어미 '-더-'

과거 시제를 표현하는 선어말어미 '-더-'가 사용될 경우 일반적인 과거 시제의 표현과는 조금 다른 기능을 갖게 된다. 다음의 예시를 보자.

　　a. 제주도는 바람이 많이 <u>불더라</u>.

a는 제주도에서 바람이 많이 불었다는 사실에 대한 경험을 말하고 있다. 이처럼 과거 시제 선어말어미 '-더-'가 쓰일 경우 과거의 어느 시점에 경험한 것을 회상하여 말하는 기능을 갖게 된다. 이러한 특징에 따라 '-더-'가 사용된 과거 시제를 '회상 시제'라 일컫기도 한다.

미래 시제

한국어의 미래 시제는 선어말어미 '-겠-'에 의해 표현된다. 다음의 예시를 보자.

(46) 내가 내일 거기로 <u>가겠다</u>.

(46)의 '가겠다'는 기본형 '가다'에 선어말어미 '-겠-'이 결합한 예이다. 이 경우 말하는 시점보다 나중의 일을 나타내는 미래 시제의 표현이 된다. 이처럼 선어말어미 '-겠-'은 미래 시제를 표현하지만, 간혹 현재의 일에도 쓰이고, 과거의 일에도 쓰인다. 다음의 예시를 보자.

(47) ㄱ. 그는 지금 <u>바쁘겠지</u>.
　　　ㄴ. 그가 어젯밤에 <u>도착했겠지</u>.

(47ㄱ)의 '바쁘겠지'는 기본형 '바쁘다'에 선어말어미 '-겠-'과 어말어미 '-지'가 결합한 예이다. 이 경우 미래 시제의 표현이 아닌, '그'에 대한 현재 상황을 추측하는 현재 시제의 표현이 된다. 한편 (47ㄴ)의 '도착했겠지'는 기본형 '도착하다'에 선어말어미 '-었-'과 선어말어미 '-겠-' 그리고 어말어미 '-지'가 결합한 예이다. 이 경우 역시 '-겠-'이 사용되었다고 하여 미래 시제를 표현하고 있지는 않다. 오히려 '그'에 대한 과거의 상황을 추측하는 과거 시제의 표현이 된다.

한편 한국어의 미래 시제는 관형사형 어미 '-을/ㄹ'에 의해서도 표현된다. 다음의 예시를 보자.

(48) ㄱ. 이 옷은 내일 <u>입을</u> 옷이다.

ㄴ. 이 일은 내일 <u>할</u> 계획이다.

(48ㄱ)의 '입을'은 기본형 '입다'의 어간 '입-'에 관형사형 어미 '-을'이 결합한 예이다. 이 경우 말하는 시점보다 미래의 일을 나타내는 미래 시제의 표현이 된다. 또한 (48ㄴ)의 '할'은 기본형 '하다'의 어간 '하-'에 관형사형 어미 '-ㄹ'이 결합한 예이다. 이 경우 역시 미래의 일에 대한 계획을 나타내기 때문에 미래 시제의 표현이다.

11.3. 상

한국어에서 상에 해당하는 용법으로는 '진행상'과 '완료상'이 있다. 이러한 상의 용법은 몇 가지 어미들과 보조용언 구성에 의해 표현된다. 여기에서는 상과 관련된 용법의 실현 양상을 살펴보자.

진행상

진행상(進行相, progressive aspect)이란 어떤 상황이 특정한 구간 내에서 계속되고 있음을 나타내는 용법이다. 진행상은 대표적으로 부사형 어미 '-으며', 보조용언 구성 '-고 있다', '-어 가다' 등에 의해 실현된다. 다음의 예시를 보자.

(49) ㄱ. 지효는 청소를 하며 노래를 불렀다.

ㄴ. 지효는 청소를 하고 있다.

ㄷ. 꽃이 시들어 간다.

(49ㄱ)과 (49ㄴ)에서 지효가 청소를 하는 행위는 발화에서 나타나는 시간 안에서 계속 진행되는 것이다. 따라서 이들은 모두 진행상의 예가 된다. 이때 (49ㄱ)은 부사형 어미 '-으며'가 사용된 예이며, (49ㄴ)은 보조용언 구성 '-고 있다'가 사용된 예이다. 나아가 진행상을 나타내는 보조용언 구성 '-고 있다'는 의존명사 구성인 '-는 중이다'로 대체할 수 있다. (49ㄷ)의 경우도 꽃이 시들고 있는 상황이 계속해서 진행되고 있는 진행상의 예이다. 이때의 진행상은 보조용언 구성 '-어 가다'에 의해 실현된다.

완료상

완료상(完了相, perfect aspect)이란 어떤 사건이 이미 끝났음을 나타내는 용법이다. 완료상은 대표적으로 선어말어미 '-았/었-', 보조용언 구성 '-어 있다', '-어 버리다' 등에 의해 실현된다. 다음의 예시를 보자.

(50) ㄱ. 윤기는 학교에 갔다.

ㄴ. 윤기는 의자에 앉아 있다.

ㄷ. 꽃이 시들어 버리다.

(50ㄱ)에서 윤기가 학교에 간 것은 과거의 어느 시점에 이미 완료된 상황이다. 또한 (50ㄴ)에서 윤기가 의자에 앉는 것은 이미 끝난 일이며, 이후 그 결과가 지속되고 있다. 마찬가지로 (50ㄷ)에서 꽃이 시들어 버린 것 역시 이미 끝난 상황에 대한 결과를 얘기하는 것이다. 이들은 모두 완료상에 해당한다. 이때 (50ㄱ)은 선어말어미 '-았/었-'이 사용된 예이고, (50ㄴ)은 보조용언 구성 '-어 있다'가 사용된 예이며, (50ㄷ)은 보조용언 구성 '-어 버리다'가 사용된 예이다.

더 알아보기: 양태

양태(樣態, modality)란 화자의 주관적인 태도를 표현하는 문법 범주를 말한다. 다음의 예시를 보자.

a. 그 영화 정말 재밌더라
b. 그 영화 정말 재밌겠다.

기본적으로 a는 과거 시제, b는 미래 시제의 표현이다. 그러나 다른 관점에서 보면 a는 화자의 깨달음, b는 화자의 추측을 표현하는 것으로도 볼 수 있다. 전자의 관점이 일반적인 시간 표현에서의 이해라면, 후자는 최근 시제나 상 외에 자주 논의되는 양태와 관련된 이해이다.

마무리하기

· 화자가 얘기하는 시점을 기준으로 그 상황에 대한 시간적 위치를 나타내는 문법 범주를 시제(時制, tense) 혹은 시제 표현이라고 한다.

· 시제는 크게 현재 시제(現在時制, the present tense), 과거 시제(過去時制, the past tense), 미래 시제(未來時制, the future tense)로 구분된다.

· 현재 시제는 말의 내용이 화자가 얘기하는 시점과 일치하는 경우이며, 선어말어미 '-는/ㄴ-', '-∅-', 관형사형 어미 '-는'에 의해 표현된다.

· 과거 시제는 말의 내용이 화자가 얘기하는 시점보다 앞선 경우이며, 선어말어미 '-았/었-', '-았었/었었-', '-더-', 관형사형 어미 '-은/ㄴ', '-던'에 의해 표현된다.

· 미래 시제는 말의 내용이 화자가 얘기하는 시점보다 뒤에 있는 경우이며, 선어말어미 '-겠-', 관형사형 어미 '-을/ㄹ'에 의해 표현된다.

· 어떤 상황의 내적 시간 구성을 나타내는 문법 범주를 상(相, aspect)이라고 한다.

· 상과 관련된 용법에는 진행상(進行相, progressive aspect)과 완료상(完了相, perfect aspect)이 있다.

- 진행상은 어떤 상황이 특정한 구간 내에서 계속되고 있음을 나타내는 용법으로, 부사형 어미 '-으며', 보조용언 구성 '-고 있다', '-어 가다' 등에 의해 실현된다.

- 완료상은 어떤 사건이 이미 끝났음을 나타내는 용법으로, 선어말어미 '-았/었-', 보조용언 구성 '-어 있다', '-어 버리다' 등에 의해 실현된다.

제12장 부정 표현

12.1. 부정의 개념

부정은 통사적으로 부정을 뜻하는 부사 혹은 보조용언을 사용하거나, 어휘적으로 부정을 뜻하는 몇 가지 어휘를 사용하여 긍정과 대립시키는 용법을 말한다. 여기에서는 한국어의 부정 표현이 갖는 특징과 실현 방법들을 살펴보자.

부정

한국어를 포함한 모든 언어의 문장은 일반적으로 표현된 내용을 긍정(肯定, affirmative)하는 긍정문(肯定文, affirmative sentence)과 부정(否定, negative)하는 부정문(否定文, negative sentence)으로 구분된다. 이때 긍정이라는 것은 표현된 내용에 동의하는 것이며, 부정은 거부하는 것이다. 일반적인 문장은 그 자체로 긍정문이 되지만 부정문은 몇 가지 통사적인 용법과 어휘들을 통해서 표현된다. 이때 통사적인 용법에는 '안' 부정문, '못' 부정문, '말다' 부정문이 있고, 부정을 나타내는 어휘들에는 '아니다', '모르다', '없다' 등이 있다.

부정의 특징

한국어의 부정 표현은 다음의 세 가지 특징을 갖는다. 첫째, 부정문은 부정극어와 어울린다. 둘째, 부정문은 대부분 중의적이다. 셋째, 부정문은 실제로 부정의 의미를 갖는 것이 아닌 사실 확인의 역할도 한다. 우선 부정문은 부정극어(否定極語, negative polarity item)와 어울리는 특징이 있는데, 이때 부정극어란 '결코', '전혀' 등과 같은 말들을 뜻한다. 즉 부정문의 문장에서 이를 강조할 때 이러한 부정극어가 사용될 수 있다. 다음의 예시를 보자.

(51) 나는 <u>결코</u> 그 일을 했다. (x) / 나는 <u>결코</u> 그 일을 하지 않았다. (o)

(51)을 보면 '나는 그 일을 했다.'라는 긍정문에서는 '결코'라는 말이 사용될 수 없다. 반면 '나는 그 일을 하지 않았다.'라는 부정문에서는 '결코'의 사용이 자연스럽다. 이때 '결코'와 같은 말을 부정극어라 하고, 부정극어는 이처럼 부정문에만 어울린다. 한편 부정문은 중의적으로 해석되는 특징이 있다. 다음의 예시를 보자.

(52) 그는 어제 선생님과 만나지 않았다.

(52)는 '그'가 '선생님'을 만난 사실에 대해 부정하고 있는 문

장이므로, 부정문에 해당된다. 그런데 이때의 부정문은 '어제 선생님과 만난 사람은 그가 아니다.', '그가 선생님을 만난 것은 어제가 아니라 오늘이다.', '그가 어제 만난 사람은 선생님이 아니라 친구이다.' 등으로 다양하게 해석할 수 있다. 한편 부정문은 사실 확인의 역할도 한다. 다음의 예시를 보자.

(53) 어제 덥지 않았니?

(53)의 경우 날씨가 더운 사실에 대해 부정하고 있는 문장이므로, 부정문에 해당된다. 그런데 이때의 문장은 실제로 '어제 날씨가 덥지 않았다.'라는 부정의 의미가 아닌, 상대방에게 어제 날씨가 더웠다는 사실을 확인하고자 하는 의미로 사용된 것이다. 즉 구성상 부정문으로 보이지만, 사실 확인문에 더 가까운 것이다.

12.2. 통사적 부정

한국어에서 부정 표현을 하는 방법 중에는 통사적인 방법이 있다. 이때 통사적인 방법이라는 것은 부정부사 혹은 부정의 보조용언을 사용하는 것이다. 한국어의 부정 표현 중 통사적 부정에 해당하는 것으로는 '안' 부정, '못' 부정, '말다' 부정 등이 있다.

'안' 부정

한국어에서 부정을 표현하는 대표적인 방법은 부정을 뜻하는 부사 '안'을 사용하는 것이다. 다음의 예시를 보자.

(54) 태형이가 밥을 먹는다. → 태형이가 밥을 안 먹는다.

(54)를 보면 '태형이가 밥을 먹는다.'라는 긍정문에 부정부사 '안'이 추가되어 밥을 먹은 사실에 대해 부정하고 있는 부정문이 만들어진다. 이때 부정을 나타내는 '안'은 '않다/아니하다'의 형태로도 사용된다. 즉 '태형이가 밥을 안 먹는다.'의 부정문은 '태형이가 밥을 먹지 않는다.'로도 쓸 수 있는 것이다. 한편 부정을 나타내는 부사 '안'은 주체가 행위의 의지를 가지고 있다는 특징이 있다. 다시 말해 위의 예문에서 태형이가 밥을 먹지 않는 것은 태형이의 의지에 따라 밥을 먹는 행위를 부정하고 있는 것이다. 이러한 특징에 따라 '안'에 의한 부정을 의지부정(意志否定)이라고 한다.

'못' 부정

한국어에서 부정을 표현할 때는 부정을 뜻하는 부사 '못'을 사용하기도 한다. 다음의 예시를 보자.

(55) 지효가 밥을 먹는다. → 지효가 밥을 못 먹는다.

　(55)를 보면 '지효가 밥을 먹는다.'라는 긍정문에 부정부사 '못'이 추가되어 밥을 먹은 사실에 대해 부정하고 있는 부정문이 만들어진다. 이때 부정을 나타내는 '못'은 '못하다'의 형태로도 사용된다. 즉 '지효가 밥을 못 먹는다.'의 부정문은 '지효가 밥을 먹지 못한다.'로도 쓸 수 있는 것이다. 한편 부정을 나타내는 부사 '못'은 행위의 의지와는 별개로, 능력이 미치지 못하거나 상황이 여의치 못함을 의미한다. 결국 위의 예문에서 지효가 밥을 먹지 못한 것은 지효의 의지에 따라 밥을 먹는 행위를 부정한 것이 아닌, 밥을 먹을 상황이 되지 않았다는 사실을 말하는 것이다. 이러한 특징에 따라 '못'에 의한 부정을 능력 부정(能力否定)이라고 한다.

'말다' 부정

　한국어의 부정문 중에는 '말다'에 의한 표현 방법도 있다. 이때의 '말다'는 주로 명령문이나 청유문에서 나타난다. 다음의 예시를 보자.

(56) ㄱ. 그곳에 가다. → 그곳에 가지 <u>마라/말아라</u>.
　　　ㄴ. 그곳에 가자. → 그곳에 가지 <u>말자</u>.

(56)은 모두 '그곳에 가다.' 혹은 '그곳에 가자.'라는 긍정문에 대해 '말다'를 사용하여 가는 행위 자체를 부정하고 있는 부정 문이다. 이때 (56ㄱ)에는 기본형 '말다'의 명령형인 '마라/말아라'가 사용되었고, (56ㄴ)에는 기본형 '말다'의 청유형인 '말자'가 사용되었다. 이처럼 '말다'에 의한 부정은 주로 명령문과 청유문으로 나타나는데, 평서형, 의문형, 감탄형의 어미와는 결합하지 않는다. 반면 앞서 살핀 '안', '못'에 의한 부정은 주로 평서형, 의문형, 감탄형의 어미와 결합하며, 명령형, 청유형의 어미와는 결합하지 않는다.

12.3. 어휘적 부정

한국어에서 부정 표현을 하는 방법 중에는 어휘적인 방법도 있다. 이때 어휘적인 방법이라는 것은 부정을 뜻하는 몇 가지 어휘의 사용을 통해 부정 표현을 나타내는 것이다. 한국어의 어휘적 부정으로는 '아니다' 부정, '모르다' 부정, '없다' 부정 등이 있다.

'아니다' 부정

한국어의 부정문은 '안', '못', '말다'와 같은 통사적 부정 외에도 특수한 몇 개의 어휘를 통해서 이루어진다. 그 대표적인 예가 '아니다'이다. 다음의 예시를 보자.

(57) 윤기는 학생이다. → 윤기는 학생이 <u>아니다</u>.

(57)의 경우 '윤기는 학생이다.'라는 긍정문에 대해 '아니다'를 사용하여 학생이라는 사실을 부정하는 부정문을 만든다. 이 때의 부정어 '아니다'는 긍정을 뜻하는 '이다'에 대한 반의어로, '이다'가 사용된 문장을 부정하려 할 때 교체되어 사용된다.

'모르다' 부정

한국어에서 부정을 나타내는 특수 어휘 중에는 '모르다'도 있다. 다음의 예시를 보자.

(58) 나연이는 나를 알고 있다. → 나연이는 나를 <u>모른다</u>.

(58)의 경우 '나연이는 나를 알고 있다.'라는 긍정문에 대해 '모른다'를 사용하여 나를 안다는 사실을 부정하는 부정문을 만든다. 이때의 부정어 '모른다'는 긍정을 뜻하는 '알다'에 대한 반의어로, '알다'가 사용된 문장을 부정하려 할 때 교체되어 사용된다.

'없다' 부정

한국어에서 부정을 나타내는 특수 어휘 중에는 '없다'도 있다.

다음의 예시를 보자.

(59) 나는 지금 돈이 있다. → 나는 지금 돈이 <u>없다</u>.

(59)의 경우 '나는 지금 돈이 없다.'라는 긍정문에 대해 '없다'를 사용하여 돈이 있다는 사실을 부정하는 부정문을 만든다. 이때의 부정어 '없다'는 긍정을 뜻하는 '있다'에 대한 반의어로, '있다'가 사용된 문장을 부정하려 할 때 교체되어 사용된다.

마무리하기

· 한국어를 포함한 모든 언어의 문장은 일반적으로 표현된 내용을 긍정(肯定, affirmative)하는 긍정문(肯定文, affirmative sentence)과 부정(否定, negative)하는 부정문(否定文, negative sentence)으로 구분된다. 이때 긍정이라는 것은 표현된 내용에 동의하는 것이며, 부정은 거부하는 것이다.

· 한국어의 부정문은 부정극어(否定極語, negative polarity item)와 어울리며, 중의적으로 해석되고, 사실 확인의 역할도 하는 특징이 있다.

· 부정 표현은 통사적 부정과 어휘적 부정으로 구분되는데, 통사적 부정은 '안', '못', '말다'에 의한 부정을 뜻하고, 어휘적 부정은 '아니다', '모르다', '없다'에 의한 부정을 뜻한다.

· '안' 부정은 주체가 행위의 의지를 가지고 있다는 특징이 있다. 이러한 특징에 따라 '안'에 의한 부정을 의지 부정(意志否定)이라고도 한다.

· '못' 부정은 행위의 의지와는 별개로 능력이 미치지 못하거나 상황이 여의치 못함을 의미한다. 이러한 특징에 따라 '못'에 의한 부정을 능력 부정(能力否定)이라고도 한다.

· '안' 부정과 '못' 부정은 평서문, 의문문, 감탄문으로 나타난다.

· '말다' 부정은 명령문, 청유문으로 나타난다.

· 부정을 나타내는 어휘에는 '아니다', '모르다', '없다'가 있는데, 이들은 각각 '이다', '알다', '있다'에 대한 반의어이다.

제13장 피동과 사동

13.1. 피동과 사동의 개념

한국어에서는 피동과 사동 표현이 흔히 나타난다. 이때 '피동'
이란 어떤 행위가 주체의 힘에 의해 이루어지는 것이 아닌, 다
른 힘에 의해 이루어지는 것을 말한다. 또한 '사동'이란 주체가
어떤 행위를 스스로 행하는 것이 아닌, 그 행위를 남에게 시키
는 것을 말한다.

피동

피동(被動, passive) 혹은 피동 표현이란 어떤 행위가 주체의
힘에 의해 이루어지지 않고, 다른 힘에 의해 이루어지는 것을
말한다. 그리고 이러한 피동 표현에 의해 실현되는 문장을 피동
문(被動文)이라고 한다. 이와 반대로 어떤 행위가 주체의 힘에
의해 이루어지는 것을 능동(能動, activeness) 혹은 능동 표현이
라 하며, 이러한 능동 표현이 나타나는 문장을 능동문(能動文)
이라고 한다. 다음의 예시를 보자.

(60) ㄱ. 경찰이 도둑을 <u>잡았다</u>.

　　 ㄴ. 도둑이 경찰에게 <u>잡히었다</u>.

(60ㄱ)에서 경찰이 도둑을 잡는 행위는 주체인 '경찰'의 힘에 의해 이루어진다. 즉 이 경우 능동 표현이 사용된 능동문의 예가 된다. 반면 (60ㄴ)에서 도둑이 경찰에게 집히는 행위는 주체인 '도둑'의 힘에 의해 이루어진 것이 아니다. 이는 '경찰'에 의해 이루어진 것이다. 따라서 이 경우 주체가 아닌 다른 힘에 의해 이루어진 행위이므로, 피동 표현이 사용된 피동문의 예가 된다. 이러한 능동과 피동의 차이는 주로 동사에 의해 나타난다. 가령 '잡았다'의 기본형 '잡다'는 능동 표현에서 사용되는 능동사(能動詞)이고, '잡히었다'의 기본형 '잡히다'는 '잡다'에서 파생된 피동사(被動詞)이다. 이처럼 피동사는 주로 능동사에 특정한 접사가 결합하여 만들어진다.

사동

사동(使動, causative) 혹은 사동 표현이란 주체가 어떤 행위를 스스로 행하는 것이 아닌, 그 행위를 남에게 시키는 것을 말한다. 그리고 이러한 사동 표현에 의해 실현되는 문장을 사동문(使動文)이라고 한다. 이와 반대로 주체 스스로 어떠한 행위를 취하는 것을 주동(主動, lead) 혹은 주동 표현이라고 하며, 이러한 주동 표현이 나타나는 문장을 주동문(主動文)이라고 한다.

다음의 예시를 보자.

(61) ㄱ. 아기가 <u>울었다</u>.
 ㄴ. 내가 아기를 <u>울렸다</u>.

(61ㄱ)에서 '아기'는 스스로 우는 행위를 하고 있다. 즉 이 경우 주동 표현이 사용된 주동문의 예이다. 반면 (61ㄴ)에서 '아기'는 스스로 우는 행위를 취하는 것이 아니다. 이때 아기가 우는 행위는 '나'에 의한 것이다. 즉 이 경우 사동 표현이 사용된 사동문의 예가 된다. 이러한 주동과 사동의 관계 역시 주로 동사에 의해 나타난다. 가령 '울었다'의 기본형 '울다'는 주동 표현에서 사용되는 주동사(主動詞)이고, '울렸다'의 기본형 '울리다'는 '울다'에서 파생된 사동사(使動詞)이다. 이처럼 사동사 역시 주로 주동사에 특정한 접사가 결합하여 만들어진다.

13.2. 피동 표현

한국어의 피동 표현은 여러 피동사들과 '-아/어지다'의 피동 구조에 의해서 실현된다.

피동사
한국어의 피동 표현은 주로 피동사에 의해 실현된다. 다음의 예시를 보자.

(62) ㄱ. 언니가 동생을 <u>업었다</u>. → 동생이 언니에게 <u>업혔다</u>.
ㄴ. 언니가 동생을 <u>안았다</u>. → 동생이 언니에게 <u>안겼다</u>.
ㄷ. 형이 벽에 구멍을 <u>뚫었다</u>. → 벽에 구멍이 형에 의해
<u>뚫렸다</u>.
ㄹ. 형이 땅을 <u>팠다</u>. → 땅이 형에 의해 <u>파였다</u>.

(62)는 모두 능동문이 피동문으로 바뀐 예이다. (62ㄱ)의 피동
사 '업히다'는 능동사 '업다'에서, (62ㄴ)의 피동사 '안기다'는 능
동사 '안다'에서, (62ㄷ)의 피동사 '뚫리다'는 능동사 '뚫다'에서,
(62ㄹ)의 피동사 '파이다'는 능동사 '파다'에서 파생된 것이다.
또한 이처럼 피동사를 사용하여 피동문을 표현할 때는 능동문의
목적어가 주어의 자리로 옮겨 사용된다. 피동사에는 이 밖에도
다양한 종류가 포함되는데, 이를 간략하게 정리하면 다음과 같다.

능동사		접미사		피동사
업다 밟다 박다 잡다	+	-히-	→	업히다 밟히다 박히다 잡히다
안다 끊다		-기-		안기다 끊기다

능동사		접미사		피동사
감다 찢다		-기-		감기다 찢기다
뚫다 풀다 누르다 들다	+	-리-	→	뚫리다 풀리다 눌리다 들리다
파다 보다 놓다 쓰다		-이-		파이다 보이다 놓이다 쓰이다

피동 구조 '-아/어지다'

한국어의 피동 표현은 피동사의 사용뿐만 아니라 '-아/어지다'의 피동 구조를 통해서도 이루어진다. 이때 '-아/어지다'의 피동 구조는 거의 모든 동사에 사용될 수 있는 모습을 보인다. 다음의 예시를 보자.

(63) 태형이가 그 문제를 <u>풀었다</u>. → 그 문제는 태형이에 의해 <u>풀어졌다</u>.

(63)의 '풀었다'는 그 기본형이 '풀다'로 능동사이다. 즉 문장에서 문제를 푸는 행위는 주체인 태형이의 힘에 의해 이루어진

다. 따라서 이는 능동문이다. 그런데 이때 '풀다'의 어간 '풀-'에 피동 구조 '-아/어지다'를 결합하여 '풀어지다'의 형태를 만들게 되면, 문장에서 목적어로 쓰인 '문제'가 주어의 자리로 이동하게 되어 피동문이 만들어진다. 즉 특정한 접사와의 결합으로 파생된 피동사 외에 '-아/어지다'의 피동 구조 결합으로도 피동문을 만들 수 있는 것이다.

더 알아보기: 이중 피동

'이중 피동'이란 피동사에 의한 피동과 피동 구조 '-아/어지다'에 의한 피동이 중복되는 경우를 말한다. 대표적인 예로 '읽혀지다', '쓰여지다' 등이 있는데, 이들은 각각 기본형 '읽다', '쓰다'에 피동 접미사 '-히-', '-이-'가 결합하여 '읽히다', '쓰이다'로 파생된 후 다시 '-아/어지다'의 피동 구조가 결합하여 만들어진 것이다. 다만 이처럼 피동이 중복적으로 표현된 경우 다소 과한 피동 표현이 되기 때문에 규범적으로 지양하고 있다.

13.3. 사동 표현

한국어에서 사동 표현은 피동 표현과 마찬가지로 여러 사동사들에 의해 실현되며, '-게 하다'의 사동 구조를 통해서도 실현된다.

사동사

한국어의 사동 표현 역시 주로 사동사에 의해 실현된다. 다음의 예시를 보자.

(64) ㄱ. 동생이 책상 아래 <u>숨었다</u>. → 언니가 동생을 책상
　　　 아래 <u>숨겼다</u>.
　　 ㄴ. 동생이 언니에게 <u>속았다</u>. → 언니가 동생을 <u>속였다</u>.
　　 ㄷ. 동생이 <u>울었다</u>. → 형이 동생을 <u>울렸다</u>.
　　 ㄹ. 동생이 잠을 <u>깼다</u>. → 형이 동생을 <u>깨웠다</u>.

(64)는 모두 주동문이 사동문으로 바뀐 것들이다. (64ㄱ)의 사동사 '숨기다'는 주동사 '숨다'에서, (64ㄴ)의 사동사 '속이다'는 주동사 '속다'에서, (64ㄷ)의 사동사 '울리다'는 주동사 '울다'에서, (64ㄹ)의 사동사 '깨우다'는 주동사 '깨다'에서 파생된 것이다. 또한 이처럼 사동사를 사용하여 사동문을 표현할 때는 새로운 주어가 등장하여 그 일을 시키는 주체가 되고, 기존의 주체는 사동문의 목적어 혹은 부사어로 사용된다. 사동사에는 이 밖에도 다양한 종류가 포함되는데, 대체로 피동사와 동일한 형태가 많이 확인된다. 이를 간략하게 정리하면 다음과 같다.

주동사	접미사	사동사
숨다 웃다 맡다 벗다	-기-	숨기다 웃기다 맡기다 벗기다
속다 죽다 먹다 녹다	-이-	속이다 죽이다 먹이다 녹이다
울다 살다 물다 얼다	-리-	울리다 살리다 물리다 얼리다
깨다 자다 비다 새다	-우-	깨우다 재우다 비우다 새우다

사동 구조 '-게 하다'

한국어의 사동 표현은 사동사의 사용뿐만 아니라 '-게 하다'의 사동 구조를 통해서도 이루어진다. 이때 '-게 하다'의 사동 구조는 주동사의 어간에 어미 '-게'를 붙이고 뒤에 보조동사 '하다'를 써서 나타낸다. 다음의 예시를 보자.

(65) 아이들은 놀이터에서 <u>놀았다</u>. → 지효는 아이들을 놀이터에서 <u>놀게 하였다</u>.

(65)의 '놀았다'는 그 기본형이 '놀다'로 주동사이다. 즉 문장에서 아이들은 노는 행위를 스스로 행한다. 따라서 이는 주동문이다. 그런데 이때 '놀다'의 어간 '놀-'에 사동 구조 '-게 하다'를 결합하여 '놀게 하다'의 형태를 만들게 되면, 문장에서 새로운 주어가 등장하게 되고, 기존의 주어는 목적어로 쓰이게 되어 사동문이 만들어진다. 즉 특정한 접사와의 결합으로 파생된 사동사 외에 '-게 하다'의 사동 구조 결합으로도 사동문을 만들 수 있는 것이다.

마무리하기

· 피동(被動, passive)이란 어떤 행위가 주체의 힘에 의해 이루어지지 않고, 다른 힘에 의해 이루어지는 것을 말한다. 그리고 이러한 피동 표현에 의해 실현되는 문장이 피동문(被動文)이다.

· 사동(使動, causative)이란 주체가 어떤 행위를 스스로 행하는 것이 아닌, 그 행위를 남에게 시키는 것을 말한다. 그리고 이러한 사동 표현에 의해 실현되는 문장이 사동문(使動文)이다.

· 한국어의 피동 표현은 주로 피동사에 의해 실현된다. 이때 피동사는 능동사에 접미사 '-히-', '-기-', '-리-', '-이-' 등이 결합하여 파생된다.

· 한국어의 피동 표현은 '-아/어지다'의 피동 구조를 통해서도 이루어진다. 이때 '-아/어지다'의 피동 구조는 거의 모든 동사에 사용될 수 있다.

· 한국어의 사동 표현은 주로 사동사에 의해 실현된다. 이때 사동사는 주동사에 접미사 '-기-', '-이-', '-리-' '-우-' 등이 결합하여 파생된다.

· 한국어의 사동 표현은 '-게 하다'의 사동 구조를 통해서도 이루어진다. 이때 '-게 하다'의 사동 구조는 주동사의 어간에 어미 '-게'를 붙이고 뒤에 보조동사 '하다'를 써서 나타낸다.

ㄱ

참고문헌

고영근·구본관,『우리말 문법론』, 집문당, 2018.

구본관 외,『한국어 문법 총론 Ⅰ』, 집문당, 2016.

국립국어원,『외국인을 위한 한국어 문법 1 체계편』, 커뮤니케이션북스, 2005.

국립국어원,『외국인을 위한 한국어 문법 2 용법편』, 커뮤니케이션북스, 2007.

권재일,『한국어 통사론』, 민음사, 2000.

권재일,『한국어 문법론』, 태학사, 2013.

남기심,『외국인을 위한 한국어 교육의 방법과 실제』, 한국방송통신대학교 출판부, 2001.

남기심,『현대국어 통사론』, 태학사, 2013.

남기심 외,『표준국어문법론』, 한국문화사, 2019.

심재기,「명사화의 의미기능」,『언어』 5-1, 한국언어학회, 1980, 79-101쪽.

양명희 외,『외국인을 위한 한국어 문법과 표현 초급』, 집문당, 2018.

양명희 외,『외국인을 위한 한국어 문법과 표현 중급』, 집문당, 2019.

우형식 외,『외국인을 위한 한국어 교수법 : 13주제로 분석한 한국어 교수법의 이해』, 참, 2020.

이관규,『학교문법론』, 월인, 2012.

이익섭,『국어학개설』, 학연사, 2013.

임지룡 외,『학교 문법과 문법 교육』, 박이정, 2020.

임호빈,『외국인을 위한 한국어 문법』, 연세대학교 출판부, 2010.

임홍빈,「명사화의 의미 특성에 대하여」,『국어학』 2, 국어학회, 1974, 83-104쪽.

조오현 외,『한국어학의 이해』, 소통, 2008.

최대희,『17세기 국어의 이름마디 구조』, 한국학술정보(주), 2011.

최형용,『한국어 형태론』, 역락, 2016.

황화상,『현대국어 형태론』, 지식과교양, 2013.

허 웅,『국어학』, 샘문화사, 1983.

허원영,「국어 품사 통용에 대한 비판적 고찰」, 제주대학교 대학원 석사학위논문, 2019.

최대희(崔大熙, Choi Dae-hee) ————————————————————————

건국대학교 국어국문학과 학사
동 대학원 국어국문학과 석·박사(문학석사, 문학박사)
건국대학교 연구교수
현) 제주대학교 사범대학 국어교육과 부교수
현) 제주대학교 일반대학원 한국어 협동과정 부교수

저서와 주요 논문
  『17세기 국어의 이름마디 구조』(2011)
  『선어말어미 '-오-' 연구론』(2015)
  「17세기 국어의 이름마디 연구」(2010, 박사학위논문)
  「국어의 이름마디 변천 연구」(2014)
  「'-오-'의 소멸과 명사구 내포문 구성 변천과의 상관성」(2014)
  「중세국어 어찌말 매인이름씨 연구」(2017)
  「매김법 제약과 어찌말 매인이름씨 변천과의 상관성」(2019)

허원영(許元寧, Heo Won-young) ————————————————————————

제주대학교 국어국문학과 학사
제주대학교 교육대학원 국어교육전공 석사(교육학석사)
제주대학교 일반대학원 국어교육전공 박사 전공(교육학박사)

저서와 주요 논문
  「국어 품사 통용에 대한 비판적 고찰」(2019, 석사학위논문)

외국인을 위한
한국어
기본 문법론

초판인쇄 2021년 2월 26일
초판발행 2021년 2월 26일

지은이 최대희 · 허원영
펴낸이 채종준
펴낸곳 한국학술정보㈜
주소 경기도 파주시 회동길 230(문발동)
전화 031) 908-3181(대표)
팩스 031) 908-3189
홈페이지 http://ebook.kstudy.com
전자우편 출판사업부 publish@kstudy.com
등록 제일산-115호(2000. 6. 19)

ISBN 979-11-6603-392-6 93710